HBR
리더십
인사이트

Harvard
— Business Review —

HBR
리더십
인사이트

하버드비즈니스리뷰에서 배우는
최신 리더십 에센스

HBR리더십연구회 지음

유경철, 장한별, 이인우, 윤성희, 김영욱

천그루숲

"리더십은 하루아침에 얻어지지 않으며 매일매일 계발되어야 한다.
이것이 리더가 성장하는 과정의 법칙이다."

_ 존 맥스웰(John C. Maxwell)

처음 리더가 되었을 때를 떠올려 보자. 설레는 마음으로 조직을
위해 모든 것을 다할 자세가 되어 있다. 그러나 마음처럼 쉽지는 않
다. 실무자로서 최고의 실력을 인정받은 사람들이 리더가 되었을
때 실패하는 이유는 리더의 역할에 대한 학습과 훈련이 되어 있지
않기 때문이다. 리더가 되기 전에 '리더가 되었을 때의 모습'을 상
상하고 실제 리더로서 해야 할 것들을 연습해 보는 것이 중요하다.
그래야만 시행착오를 줄이면서 성공할 수 있다.

〈하버드비즈니스리뷰(HBR)〉는 전 세계적으로 가장 유명한 경영
매거진으로, 하버드경영대학원의 교수들뿐 아니라 세계적인 석학
들의 최신 이론들을 아티클(article)로 소개하고 있다. 우리 HBR리
더십연구회는 현장에서 바쁘게 제 역할을 다하고 있는 리더들을

위해 HBR의 수많은 아티클 중에서 그들에게 꼭 필요한 리더십 에센스 40개를 뽑아 인사이트를 정리했다.

이 책은 리더십을 '마인드셋' '사람관리' '성과관리' '조직관리' 4가지로 나누고, 세계적인 석학들이 말해 주는 보석 같은 지혜를 분석하여 리더들이 현장에서 효과적으로 적용할 수 있도록 관련 주제를 '사례 연구' '리더십 솔루션' '리더십 인사이트'로 풀어나갔다.

Chapter 1 '마인드셋'에서는 리더에게 가장 중요한 핵심인 신뢰와 리더십 마인드에 대해 알아본다. Chapter 2 '사람관리'에서는 리더의 성과를 올려주는 필수 역량인 커뮤니케이션과 피드백 방법을 살펴본다. Chapter 3 '성과관리'에서는 실질적으로 성과를 내는 리더의 역할과 스킬에 대한 인사이트를 얻을 수 있다. Chapter 4 '조직관리'에서는 구성원들에게 동기부여를 하는 방법과 변화에 유연하게 대처하는 방법, 협업을 통해 갈등을 관리하는 방법, 효과적인 조직문화를 만들어가는 방법 등에 대한 지혜를 얻을 수 있다.

조직은 리더의 수준을 넘어서지 못한다는 말이 있다. 결국 리더의 수준이 그 회사의 수준이 된다. 뛰어난 리더가 많은 조직은 성과를 낼 수밖에 없다. 좋은 리더가 되는 방법은 이미 거인이 된 훌륭한 리더의 어깨에 올라타는 것이다. 세계적으로 검증된 리더십 전문가들의 이론과 사례를 통해 현장에서 바로 적용할 수 있는 리더십 인사이트를 얻기 바란다.

이 책의 독자들이 좋은 리더를 넘어 존경받는 리더로 성장하길 바란다. 지금은 중간 리더이지만 곧 팀장이 되어야 하는 실무자, 이제 리더의 역할을 시작하는 신임 리더, 오랫동안 리더를 해왔지만 여전히 부족함을 느끼며 성장하고 싶은 리더들 모두에게 유익하리라 확신한다.

1년 이상 〈하버드비즈니스리뷰〉를 함께 연구하며 리더십에 대한 학습과 깊은 통찰을 교류한 5명의 멤버들에게 박수를 보낸다. 우리는 이 여정에서 멈추지 않고 리더의 변화와 성장을 위해 지속적으로 연구할 것이다. 끊임없는 응원과 격려는 더 좋은 리더십 인사이트를 전달할 수 있는 자양분이 될 것이다.

HBR리더십연구회

유경철, 장한별, 이인우, 윤성희, 김영욱

차례

Chapter 1	마인드셋

Chapter 2 | 사람관리

>>> Contents >>>

| Chapter 3 | 성과관리 |

HBR Leadership Insight

| Chapter 4 | 조직관리 |

1장_

동기부여 : 팀의 목표를 이루기 위한 성장동력

2장_

변화관리 : 불확실한 시대의 필수 과제

>>> Contents >>>

HBR
LEADERSHIP
INSIGHT

Chapter
1

마인드셋

mindset

신뢰

: 리더십의 핵심 전제 :

mindset

신뢰는
성과와 동기부여의 핵심

김 대리는 최근 들어 일할 의욕이 나지 않는다. 아침에 출근하는 것조차 두려울 정도다. 팀장은 항상 화난 표정으로 줄곧 짜증만 낸다. 기획서를 보고하면 핵심 포인트를 집어서 말해 주면 될 것을, "지금 몇 년 차인데 이 정도밖에 못 해요"라며 무시하는 표현으로 모욕감을 준다. 그럴 때마다 김 대리의 자존감은 한없이 떨어진다. 다른 회사로 이직하고 싶지만 아직은 더 나은 회사로 가는 것이 여의치 않아 경력관리를 위해서라도 일단 여기에서 조금 더 버티려고 한다.

김 대리는 최소한의 일만 하면서 이직을 준비해야겠다고 생각했다. 팀장과 함께 일하며 좋은 성과를 내는 것은 김 대리에게 더 이상 무의미하다고 느껴진다.

조용한 퇴사자를 줄이는 방법

미국에서 열풍이 불었던 'Quiet quitting(조용한 퇴사)'이 최근 우리에게도 번지고 있다. '조용한 퇴사'란 역량과 능력은 있지만 일을 하지 않는 것, 물리적으로는 회사를 떠나지 않았지만 이미 마음이 떠난 상태를 말한다. 이들이 역량이 떨어지는 저성과자와 다른 점은 자발적 월급 루팡이라는 점이다.

문제는 이들이 해고되지 않을 만큼 최소한의 일만 하기 때문에 조직의 성과를 극대화하는 전략을 추진할 때 걸림돌이 된다는 것이다. 조직은 구성원들이 동기부여되어 더 열심히 일할 때 성과가 올라가는데 최소한의 일만 하다 보니 좀처럼 성과가 나지 않는다.

미국의 리더십 컨설팅기업 젠거포크먼의 CEO 잭 젠거(Jack Zenger)와 공동설립자 조셉 포크먼(Joseph Folkman)˙은 "조용한 퇴사자가 늘어나는 것은 리더와 구성원의 관계가 좋지 않기 때문"이라고 말한다. 리더가 구성원을 무시하거나 홀대할 때 조용한 퇴사자가 될 가능성이 크다는 것이다. 반면 리더가 구성원들과 좋은 관계를 유지하며 격려하고 칭찬하면서 긍정적인 코칭을 할 때 구성원들은 업무에 몰입하게 된다.

젠거포크먼에서 2020년부터 리더 2,801명과 구성원 1만 3,000명의 리더십을 진단한 결과에 따르면 리더십 평가 점수가 높은 리더의 팀은 조용한 퇴사자가 3%에 불과한 데 비해, 최하의 평가를 받은 리더의 팀은 14%나 되었다. 또한 평가 점수가 높은 리더의 팀은 자발적이고 적극적으로 노력하는 구성원이 62%인 데 반해, 미흡한 점수를 받은 리더의 팀은 이러한 구성원이 20%에 불과했다.

리더십이 좋은 리더와 함께 일하는 구성원들은 조용한 퇴사자가 되지 않는다는 의미다. 구성원들은 리더와 신뢰관계가 형성되었을 때 일에 몰입하고 성과를 낼 수 있다.

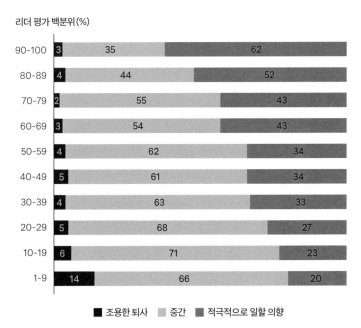

리더 평가 점수에 따른 구성원들의 조용한 퇴사 및 적극적 근로의향 비율*

리더 평가 백분위(%)

구간	조용한 퇴사	중간	적극적으로 일할 의향
90-100	3	35	62
80-89	4	44	52
70-79	2	55	43
60-69	3	54	43
50-59	4	62	34
40-49	5	61	34
30-39	4	63	33
20-29	5	68	27
10-19	6	71	23
1-9	14	66	20

■ 조용한 퇴사　■ 중간　■ 적극적으로 일할 의향

세계적인 리더십 전문가 스티븐 코비(Stephen Covey)**는 "신뢰는 속도를 만들고 비용을 줄인다. 이것은 모든 관계와 상황에 적용되는 원칙이다. 신뢰가 높으면 속도가 빨라지고 비용이 낮아진다. 신뢰가 낮으면 속도는 떨어지고 비용이 높아진다."고 말했다. 리더와 구성원 간의 신뢰가 제대로 형성되었을 때 성과가 극대화될 수 있다는 뜻이다.

컨설팅기업 젠거포크먼에서 리더 11만 3,000명을 대상으로 조사한 결과, 구성원의 마음 균형을 잡는 데 가장 효과적인 것은 리더와의 '신뢰'였다. 신뢰가 형성되면 구성원들은 리더를 믿고 열심히 일할 동기를 얻는다. 결국 일은 사람이 하는 것이고, 관계에 의해 많은 것들이 좌우된다는 것을 알 수 있다.

리더와 구성원이 신뢰를 형성하기 위해 필요한 5가지를 알아보자.

1) 호감을 느낄 수 있는 좋은 관계를 맺는다

사람들은 호감 있는 사람과 함께 일하고 싶어 한다. 리더에게 호감을 느끼면 지시하는 일에 대해 믿음을 갖고 열심히 하려고 한다. 반면 호감을 느끼지 못하면 함께 일하고 싶은 마음도 없어져 시키는 일만 한다. 내가 비호감 리더라면 아무리 옳은 말을 하더라도 구성원들은 따라오지 않을 가능성이 크다. 따라서 구성원들과 좋은 관계를 맺으며 호감형 리더가 되기 위해 노력해야 한다.

2) 롤모델이 될 수 있는 리더가 된다

리더는 일단 일을 잘해야 한다. 역량과 능력이 있기에 그 자리까지 올랐을 것이다. 그런데 리더가 능력이 아니라 운이 좋거나 인맥으로 그 자리에 올랐다고 판단되면 구성원들은 신뢰가 떨어진다. 특히 MZ세대에게 리더의 능력은 매우 중요하다. 자신의 성장을 중요하게 여기는 그들은 능력 없는 리더와 일하는 것을 불행으로 여긴다. 그들은 조금 까칠하고 차가워도 능력이 있는 리더라면 기꺼이 따른다. 반면 능력은 없는데 착하고 마음이 따뜻한 리더는 선호하지 않는다. 신뢰를 얻는다는 것은 리더의 전문성에 기반한다는 점을 명심해야 한다.

3) 의사결정은 원칙을 갖고 일관성 있게 처리한다

리더의 의사결정은 일관성이 있어야 한다. 이번 주에 내린 지시를 다음 주에 바꾼다면 일관성이 떨어지는 것이다. 특별한 사유 없이 의사결정을 계속 번복하면 구성원들은 신뢰하지 않는다. 리더는 명확하게 지시하되 변동사항이 생기면 그 이유를 정확하게 설명하고 양해를 구해야 한다. 그러나 여전히 많은 리더들은 변동사항이 생겨도 미리 알릴 정도로 큰 문제가 아니라고 생각한다. 일견 사소해 보이는 이런 행동 때문에 신뢰에 금이 가는 것이다. 특히 조직을 운영하는 가치나 원칙을 스스로 깨는 리더는 신뢰하지 않는다. 이러한 행동이 반복되면 리더와 구성원 간의 신뢰관계는 무너진다.

4) 1대1 면담을 자주 갖는다

1대1 면담은 평가면담에서만 하는 것이 아니다. 평가 권한자만 하는 것도 아니다. 리더라면 구성원들과 자주 면담을 하기를 권장한다. 공식적인 면담이 아닌 캐주얼한 면담도 좋다. 차를 마시거나 밥을 먹으면서 할 수도 있다. 자주 만나서 다양한 이야기를 나누다 보면 호감이 생기고 관계도 좋아진다. 호감도가 올라가면 대화의 깊이도 달라진다.

5) 리더의 취약성을 드러낸다

휴스턴대학교 연구교수 브레네 브라운(Brene Brown)은 "리더가 취약성을 드러낼 때 구성원들은 공감한다."고 말한다. 일이 많거나 힘들 때 리더 혼자 고민하지 말고 구성원들과 허심탄회하게 대화하면서 팀워크를 다져보자. 구성원들은 리더가 솔직하게 말할 때 진심으로 공감하고 함께 행동해서 성과를 낸다.

리더는 5가지 솔루션를 잘 기억하여 조용한 퇴사자를 줄이고 구성원들에게 신뢰를 얻도록 노력해야 한다.

•   Zenger, J., & Folkman, J. (2022, August 31). Quiet Quitting Is About Bad Bosses, Not Bad Employees. *Harvard Business Review.*

••   Covey, S. M., Covey, S. R. & Merrill, R. R. (2006). *The SPEED of Trust : The One Thing That Changes Everything.* FREE PRESS.

신뢰의 삼각형으로 성과를 내라

신 팀장은 요즘 매우 괴롭다. 일 잘하는 팀원들이 자꾸 회사를 이탈하고 있기 때문이다. 한때는 유니콘 기업으로 알려지며 우수한 인재들이 몰려들었는데, CEO의 부정 의혹이 밝혀지면서 투자자들도 빠지고 유능한 인재들도 하나둘 회사를 떠나는 상황이다. CEO가 신뢰를 잃으니 시장의 평가뿐만 아니라 조직의 중간 리더들에 대한 평판도 나빠지고 있다.

기획팀을 맡고 있는 신 팀장은 이 상황을 타개해야 한다. CEO도 새로 바뀌어 조직을 쇄신하고 있는 이때, 신 팀장은 어떻게 팀원들의 신뢰를 회복하여 조직을 효율적으로 관리할 수 있을까?

리더십의 시작은 신뢰

　　　　　　조직이 무너지거나 흔들리는 가장 큰 원인은 리더가 신뢰를 잃었기 때문이다. 사람들은 신뢰를 소중하게 여긴다. 다른 사람이 만든 상품이나 서비스도 신뢰가 있기 때문에 내 돈을 주고 기꺼이 산다. 국가나 개인 역시 상호 간에 신뢰가 없으면 중요한 거래가 성사될 수 없다. 이처럼 신뢰는 국가나 기업뿐만 아니라 리더에게도 가장 중요한 자본이다.

리더의 역할은 구성원들이 역량을 충분히 발휘할 수 있는 여건을 만들어주는 것이다. 만약 리더가 부재한 상황에서는 원칙이 유지되는 조직, 즉 권한위임 리더십(empowerment leadership)이 필요하다. 이때 신뢰가 쌓일수록 권한위임이 쉬워진다. 조직관리와 사람관리의 모든 것이 신뢰에서 시작하기 때문이다.

하버드경영대학원 교수 프랜시스 프라이(Frances Frei)와 리더십 컨소니엄 창업자 앤 모리스(Anne Morriss)•는 리더가 신뢰를 쌓는 방법으로 '진정성' '논리' '공감' 3가지를 주장한다. 일명 '신뢰의 삼각형'이다. 구성원들은 리더의 진실된 마음에서 진정성(authenticity)을 느끼고, 리더의 판단과 능력을 믿을 때 논리(logic)로 설득되고, 리더가 사람들에게 관심을 가질 때 공감(empathy)을 느끼고 신뢰한다.

리더가 신뢰를 잃었다면 3가지 중 하나 이상을 잃었기 때문이다. 리더는 신뢰의 삼각형을 다시 생각해 보고, 어떤 부분에서 취약성이 드러났는지를 검토해야 한다. 신뢰할 수 있는 구성원과 허심탄회하게 이야기하면서 피드백을 받아보는 것도 좋다. 논리적으로 말하는 구성원의 부정적인 피드백을 받아들이고 그것을 개선한다면 논리와 공감과 진정성 있는 신뢰의 삼각형을 보여줄 수 있다. 그런 모습을 통해 구성원들은 리더를 신뢰하게 된다.

신뢰의 삼각형

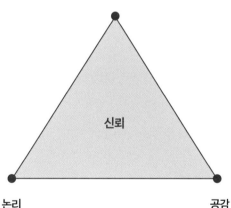

진정성
나는 진정한 당신을 경험했다.

신뢰

논리
나는 당신이 할 수 있다는 것을 안다.
당신의 사고와 판단은 훌륭하다.

공감
나는 당신이 나의 성공을
지원한다고 생각한다.

리더십 전문가 조엘 피터슨(Joel Peterson)과 데이비드 캐플런
(David Kaplan)**은 "신뢰는 조직을 함께 붙잡고 있는 접착제다. 그
것은 회피를 투명성으로, 의심을 권한부여로, 갈등을 창의성으로
바꾼다."고 말하며, 신뢰를 위한 10가지 원칙을 제시했다.

① 정직하라 : 리더의 정직성은 신뢰의 시작이다.

② 존중하라 : 상대방에 대한 존중에서 신뢰는 자라난다.

③ 권한을 위임하라 : 자율성을 가진 구성원이 최고의 성과를 낼
수 있다.

④ 측정하라 : 기대와 책임이 명확해야 길을 잃지 않는다.

⑤ 공동의 꿈을 창조하라 : 조직의 미션과 비전이 일치할 때 구성원
들은 자발적으로 헌신한다.

⑥ 투명하게 소통하라 : 리더가 진실을 숨기는 순간 조직의 신뢰는
무너진다.

⑦ 갈등을 포용하라 : 갈등이 생긴다는 것은 좋은 징조다. 더 나은
성공의 기회이다.

⑧ 겸손하라 : 겸손한 리더를 가진 조직만이 오래 살아남는다.

⑨ 상생하라 : 모든 협상자들이 만족할 때 신뢰는 더욱 견고해진다.

⑩ 신중하라 : 현명하지 못한 신뢰는 배신으로 돌아올 수 있기 때
문에 매사에 신중하게 의사결정을 해야 한다.

구성원들이 리더를 믿는 것은 중요한 명제이지만 이보다 앞서 리더는 스스로 자신을 믿어야 한다. 스스로를 얼마나 신뢰하는지에 따라 다른 사람이 자신을 신뢰하게 만들 수 있다. '리더가 이루고 싶은 꿈은 무엇인가?' '리더로서 진심으로 즐겁고 행복한 것은 무엇인가?' '나 스스로를 믿지 못하는데 누가 나를 믿어줄까?' 이러한 질문을 통해 논리와 진정성, 공감의 문제를 해결할 수 있다.

신뢰는 리더가 가장 먼저 지켜야 할 명제다. 구성원과 신뢰가 형성되지 않는 관계에서는 리더십을 발휘할 수 없다. 신뢰가 넘치는 리더가 되는 방법을 신뢰의 삼각형을 통해 알아보자.

1) 진정성(Authenticity)

진정성은 리더가 구성원에 대해 가지는 진실된 마음이다. 진심으로 구성원을 위하는 마음, 의사결정을 할 때 한결같이 일관성을 보여주는 행동, 의사결정이 바뀌었을 때 충분한 설명과 설득하려는 태도 등 이 모든 것이 진정성의 원천이다. 리더는 일관성이 있어야 신뢰를 얻을 수 있다. 리더 자신이 아니라 구성원을 중심으로 생각하고 의사결정을 하는 것도 신뢰를 얻는 데 중요한 핵심이다.

2) 논리(Logic)

사람의 마음을 설득하려면 먼저 논리가 확보되어야 한다. 논리가 맞지 않는 근거를 가지고 의사결정을 하면 구성원들은 리더십을 의심하게 된다. 납득이 되지 않는다면 리더가 독단적으로 결정한 것이나 마찬가지이기 때문이다. 논리적으로 모순된 결정을 주장하는 사람을 신뢰하기는 힘들다.

3) 공감(Empathy)

공감은 역지사지(易地思之)의 마음이다. 서로 의견이 대립되더라도 상대방의 입장에서 한번 생각해 보면 충분히 이해할 수 있다. 비록 나와 다른 의견이라도 상대방의 이야기를 끝까지 듣고 그 상황을 공감해 주면 상대방은 배려받았다고 느끼며 신뢰한다. 리더는 스스로 의사결정을 해야 하지만 구성원들이 어떤 생각을 하고 있는지 항상 공감하는 마음으로 소통을 해야 한다. 다양한 구성원들에게 새로운 아이디어를 듣고, 충분한 토의를 거쳐 의견을 수렴하고, 나와 다른 생각과 의견을 포용했을 때 성과가 극대화된다.

- Frei, F., & Morriss, A. (2020, May-June). Begin with Trust. *Harvard Business Review*.
- ● Peterson, J., & Kaplan, D. (2020). *10 Law of Trust : Building the Bonds that make a Business Great* (Expanded ed.). HarperCollins Leadership.

처음 리더가 되었을 때
발휘해야 할 리더십

오 팀장은 뛰어난 실무능력을 인정받아 전격적으로 팀장에 발탁되었다. 리더십을 발휘할 생각을 하니 흥분이 되기도 하지만 어떻게 잘할 수 있을지 걱정되기도 한다.

신임팀장 교육은 아직 시간이 많이 남았고, 선배들의 조언은 술자리에서의 무용담뿐이다. 실무자일 때 팀장의 모습을 지켜보기는 했지만 대부분 부정적인 기억만 떠오른다. 그냥 실무자로 남아서 열심히 일만 할 걸 하는 후회가 밀려오는가 하면, 리더로서 짊어져야 할 책임감과 부담감에 조금 불안하기까지 하다.

리더십의 시작은 구성원의 유형 분석

처음 리더가 되어 90일 안에 팀을 장악한다면 리더의 역할과 권한을 잘 활용할 수 있다고 한다. 초반에 제대로 된 리더십을 발휘하는 것이 그만큼 중요하다는 의미다. 특히 실무자였다가 리더가 되면 대부분 당황하기 마련이다. 실무자일 때는 능력이 출중한 인재였는데, 리더가 되기에는 능력이 부족한 것이 아닌가 하는 생각까지 든다. 따라서 신임 리더로 처음 팀원들과 마주했을 때를 잘 준비하는 것이 중요하다.

조지아공과대학교 셜러경영대 조직행동학 교수 데이비드 슬러스(David M. Sluss)˙는 구성원들이 새로운 리더와 처음 대화할 때 무엇을 알고 싶은지에 대해 분석했다. 그 결과에 따르면 구성원들은 투사형(Warrior)과 근심형(Worrier)으로 분류되었다. 투사형에 속하는 구성원은 자기 일을 잘 처리하고 적극적이며 실무에 능하고 구성원들을 제대로 코칭해 줄 수 있는 리더를 원했다. 반면 근심형은 실무자의 일을 잘 이해하는 리더를 원했는데, 잘 알지도 못하면서 판단하는 것에 대한 경계심이 있기 때문이다.

기본적으로 신임 리더를 판단하는 기준은 최근에 함께 일했던 리더와 연관이 있다. 최근의 리더가 무능했다면 신임 리더의 역할에 대한 기대가 크기도 하지만 전임 리더와 비슷할까 봐 걱정하기도 한다. 결국 투사형 구성원들은 능력 있는 리더가 팀의 성과가 높여 주기를 바라는 것이다. 반면 근심형 구성원들은 안정적으로 일할 수 있도록 지원해 주느냐를 중요하게 여긴다. 안정적인 근무환경에서 큰 변화 없이 일하기를 원하기 때문이다. 따라서 처음 리더를 맡았을 때는 다양한 생각을 가진 구성원들의 니즈를 충분히 파악하고 그에 맞춰 대화하고 관리해 나가야 한다.

Leadership Insight ─────────────────────────────────●

IMD 비즈니스스쿨 교수 마이클 왓킨스(Michael D. Watkins)[••]는 "리더가 새로운 팀에 부임하면 우선적으로 3가지를 먼저 해야 한다. 첫째는 팀의 상황을 파악하고 이해하기, 둘째는 팀의 비전과 목표를 설정하고 공유하기, 셋째는 팀원들과 신뢰관계 형성하기다. 특히 팀을 장악하고 성과를 내기 위해서는 구성원들과 신뢰관계를 구축하는 것이 가장 중요하다."고 말한다.

리더로서 가장 먼저 해야 할 일은 구성원들의 성향을 파악하는 것이다. 특히 1대1 면담을 통해 구성원들이 어떤 고민을 가지고 있는지 파악해야 한다. 새로운 팀에서는 구성원을 제대로 파악하고 나서 자신의 리더십 스타일을 적용하는 것이 더 효과적이다. 급하게 서두르기보다는 구성원들과 신뢰가 형성되었다고 생각되었을 때 자신의 리더십을 발휘해도 늦지 않다. 새로운 리더가 구성원들의 신뢰를 얻기 위해 필요한 3가지는 다음과 같다.

1) 인간적인 유대관계를 쌓아라

데이비드 슬러스 교수는 "구성원이 리더와 탄탄한 관계를 맺고 있으면 자신을 조직과 동일시하고 창의적인 행동을 하며 업무를 하면서 서로 도울 가능성이 높다."고 말한다. 그래서 구성원과 관계를 좋게 만드는 것이 새로운 리더가 가장 먼저 해야 할 일이다. 좋은 관계를 위해서는 기본적으로 솔직하게 이야기하고 상대방의 말을 경청해야 한다. 리더에게 호감을 느낀 구성원은 열린 마음으로 자신의 이야기를 솔직하게 털어놓는다.

유대감을 형성하기 위해서는 어느 정도 개인적인 이야기를 나눌 필요가 있다. 물론 사적인 대화를 원하지 않는 구성원에게 강요할 수는 없지만 서로의 개인적인 이야기를 나누면서 유대감을 높일 수 있다.

2) 리더로서 앞으로 하고 싶은 것들을 진심으로 말하라

진정성 있는 말은 힘이 있다. 리더가 지금 시점에 왜 이 팀을 맡았는지, 자신이 어떤 일을 해야 할지에 대해 구체적으로 설명해야 한다. 자신에게 어떤 전문성이 있는지, 그것을 바탕으로 어떻게 일해 나갈지에 대한 청사진을 보여줘도 좋다. 단, 리더가 해당 분야의 전문성이 부족하다면 다른 부서에서 어떤 역할을 했으며 기존의 성과 못지않게 새로운 일들을 창출할 수 있는 능력이 있다는 이야기를 하면 좋다. 리더가 모든 분야의 전문가일 수는 없기 때문이다.

구성원들에게 진심으로 이야기하고 도움을 요청하면 대부분 리더의 말에 공감한다. 하지만 팀의 직무에 대해 제대로 알지 못하면서 무조건 나만 믿고 따르라고 말한다면 어떤 구성원도 받아들이지 않을 것이다. 솔직하게 자신의 단점을 이야기하고 앞으로 열심히 배우면서 좋은 리더십을 발휘하겠다고 말하면 구성원들은 더 크게 공감할 것이다.

3) 비전을 명확히 제시하라

구성원들과 유대감이 형성되었다는 확신이 들면 팀의 명확한 비전을 제시해야 한다. 팀과 구성원에 대해 분석한 자료를 기반으로 어떤 목표를 갖고 일해야 할지, 그 목표를 달성하기 위해 어떤 계획을 세웠는지 제시하고 부족한 부분이 있다면 솔직하게 피드백해 달라고 요청한다. 또 어떤 이야기를 해도 불이익을 받지 않을 것이라는 심리적인 안전감과 확신을 주어야 한다.

새로운 팀에 부임한 리더들은 해야 할 것과 하지 말아야 할 것을 명확히 인식하고, 구성원들의 생각을 충분히 듣고 자신의 생각과 조화를 이뤄서 공동의 목표를 위해 협력해야 한다. 이것만으로도 리더로서의 첫걸음은 가벼워질 것이다.

- Sluss, D. M. (2020, April 16). Stepping into a Leadership Role? Be Ready to Tell Your Story. *Harvard Business Review.*
- ● Watkins, M. D. (2013). *The First 90 Days : Proven Strategies for Getting Up to Speed Faster and Smarter, Updated and Expanded.* Harvard Business Review Press.

2장

리더십 마인드

: 리더에겐 마인드가 전부다 :

Harvard Business Review

훌륭한 리더로
도약하는 법

임 팀장은 철저한 자기관리를 통해 맡은 일은 어떻게든 완벽하게 처리하기 때문에 항상 좋은 성과를 냈다. 그래서 동료들보다 빨리 팀장에 오를 수 있었다. 하지만 팀장의 역할은 실무자와 다르다. 대부분의 의사결정을 스스로 해야 하고, 그에 대한 책임도 져야 한다. 주어진 일만 열심히 하면 되는 실무자 때와는 다르다.

얼마 전 새로운 프로젝트에 대한 회의를 하는데, 팀원들의 의견이 다양해 어떻게 결정해야 할지 난감한 상황이었다. 회의가 끝나고 김 차장이 미팅을 요청했다.

"팀장님. 회의에서 많은 의견이 나왔는데, 팀장님은 저희에게 결정을 맡기시는 것처럼 보였어요. 저희가 의견을 내기는 하지만 의사결정은 팀장님이 하셔야 합니다."

망치로 한 대 얻어맞은 느낌이 들었다. 리더로서 역할을 제대로 하지 못한 것 같았다.

리더로 도약하기 위한 4가지 전략

　　　　　　실무자로서 최고의 성과를 내던 사람이 막상 리더가 되었을 때 제 역할을 못하는 경우가 많다. 여전히 리더가 아닌 실무자처럼 일을 하고 있기 때문이다. 엑스코그룹 수석코치 애덤 브라이언트(Adam Bryant)는 리더가 되었을 때 다음과 같은 리더십 질문을 해보라고 제안한다.

- 리더로서 가장 중요하게 생각하는 3가지 가치는 무엇인가?
- 당신의 커리어에서 중요한 3가지 가치를 어떻게 실천했는가?
- 당신에게 중요한 3가지 가치가 성공을 이끄는 데 왜 중요한가?
- 나의 리더십 철학과 접근법을 구성원에게 어떻게 설명하겠는가?

　충분한 시간을 가지고 이 질문에 대해 글로 정리해 보자. 최대한 구체적이고 생동감이 느껴지는 스토리텔링으로 말할 수 있어야 한다. 자신만의 리더십 브랜드를 만드는 것은 매우 중요하다. 리더로서 내가 어떤 가치를 가지고 있고, 그것을 위해 어떻게 해야 할지 비전을 보여주면 구성원들은 리더를 이해할 수 있는 좋은 기회가 될 것이다. 그리고 리더의 가치를 공유했다면 모든 상황에서 일관된 태도를 보여주어야 한다. 구성원들은 리더가 어떤 상황에서도 자신의 가치를 끝까지 포기하지 않는 한결같은 모습을 기대한다.

새롭게 리더가 되었을 때 갖춰야 할 4가지는 다음과 같다.

1) 의사결정 능력을 키워라

리더가 되면 의사결정을 하고 그에 대한 책임을 져야 한다. 어려운 결정을 내려야 할 상황도 있고, 다양한 선택 중 하나를 결정해야 하는 상황도 있다. 이를 위해서는 구성원들로부터 가능한 모든 의견을 수렴하는 과정이 필요하다. 이때 구성원들이 어떤 이야기도 편하게 할 수 있도록 심리적 안전감을 주는 것이 중요하다. 불편한 점도 솔직하게 상호 피드백할 수 있는 조직문화를 만들어야 한다. 또한 내가 무조건 맞다는 생각을 경계하고, 다른 아이디어가 더 좋을 수 있다는 수용성이 필요하다.

리더의 사고 과정은 의사결정을 내릴 때 나침반 역할을 한다. 구성원의 생각을 충분히 경청하고 이해한 후 자신의 생각을 맥락에 맞게 설명하는 것이 필요하다. 제대로 설명해 주지 않으면 일이 엉뚱한 방향으로 흘러갈 수 있다. 조직의 비전과 전략을 정확하게 설명하고 구성원들의 업무와 연결해 주어야 한다.

2) 성과 기준을 설정하라

성과 기준이 너무 높으면 구성원들의 의욕이 떨어지고, 너무 낮으면 발전할 수 없다. 따라서 리더는 적절한 기준을 정해야 한다. 외부 환경은 통제할 수 없고 상황은 늘 변하기 때문에 균형점은 언제든 조정될 수 있다. 성과 기준을 세울 때에는 '조직을 위한 최선이 무엇인가?'에 대해 생각해 보고 가장 효과적인 균형점을 찾아야 한다.

3) 중요한 일에 집중하라

문제가 많아질수록 해야 할 일도 늘어난다. 이때는 가장 중요한 일에 집중하는 것이 좋다. 지금 바로 해야 할 일을 5가지 이내로 압축하고, 그 일부터 먼저 처리한다. 특히 리더가 중요한 일에 집중하려면 구성원들에게 권한을 위임하고 도움을 요청해야 한다. 구성원들이 각자 자신이 맡은 일을 잘 처리하면 리더는 다른 일에 신경쓰지 않고 중요한 일에 집중할 수 있다.

4) 자기인식을 위해 피드백을 받아라

'자기인식'이란 자신을 객관화하여 자신이 어떤 상태인지를 명확히 아는 것이다. 구성원들과 대화를 나눌 때는 감정을 절제하고 합리적인 판단을 할 수 있는 분위기를 만들어야 한다. 구성원들의 의견을 들으면서 내가 생각하지 못한 점은 무엇인지 파악하고, 부정적인 피드백을 들으면서 앞으로 어떤 점을 개선하면 좋을지 솔직하게 논의한다. 대화를 통해 자기인식이 되었다면 감사를 표현하고 변화된 모습으로 행동한다.

리더십 베스트셀러 작가 존 맥스웰(John C. Maxwell)**은 "리더
는 사람들에게 투자하고 영감을 주는 능력을 습득해야 한다."고 말
한다. 단순히 직책 때문에 따르는 리더가 아니라 리더의 영향력으
로 인해 구성원들이 스스로 따르는 리더가 되어야 한다. 리더로서
성장한다는 것은 구성원들의 가능성에 집중하고 그들이 스스로 따
르고 싶은 영향력을 키운다는 의미다.

리더가 된다는 것은 실무자로서의 결별을 뜻한다. 실무자로서
성공했다고 해서 훌륭한 리더로 도약할 수 있는 것은 아니다. 리더
의 마인드를 갖추지 못하면 실패할 확률이 높다. 실무자로서 성공
경험이 많았던 사람이 리더가 되어서도 계속 성공할 것이라고 생
각한다. 하지만 막상 리더가 되면 실패할 확률이 높다. 그럼에도 계
속 도전해야 한다. 실패에 대한 두려움은 대개 근거가 없고, 설령
현실로 다가오더라도 그 변화가 리더에게 더 좋은 경험이 될 것이
다. 그래서 처음 리더가 되었을 때 여러 가지 실패를 맛보는 것도
장기적으로 도움이 된다. 실무자를 벗어나 진정한 리더로 성장하
는 과정이기 때문이다. 용기를 내어 더 이상 잃을 것이 없다는 생각
으로 도전해 보는 것은 리더의 좋은 마인드셋이다.

소프트웨어 기업 앤서대시의 공동창업자 제이콥 워브록(Jacob
O. Wobbrock)은 "바보가 될 기회가 있어야 진정한 영웅이 될 기회
도 있다. 2가지 가능성을 모두 수용해야 그 순간을 더 객관적으로

볼 수 있고 두려움도 덜 느끼게 된다. 그래야 조금 더 나은 성과를 낼 수 있다."고 조언한다.

리더는 성공과 역경의 모든 상황을 겸허히 받아들이고 경험에서 느껴지는 교훈을 성찰해야 한다. 이것이 리더십의 기본이다. 오늘날의 리더는 엄청난 양의 책임을 부여받고 성과에 대해 압박을 받는다. 이를 성공적으로 해내기 위해서는 지금 있는 자리에서 내가 무엇을 하고 있는지 명확히 이해하고 결과물에 대해 끊임없이 교훈을 탐색하려는 자세가 필요하다. 자기인식을 통해 성찰이 지속될 때 리더의 성장에 가속도가 붙을 것이다.

●   Bryant, A. (2023, July-August). The LEAP to LEADER. *Harvard Business Review*.

●●   Maxwell, J. C. (2013). *The 5 Levels of Leadership : Proven Steps to Maximize Your Potential*. Center Street.

Harvard Business Review

시련을 즐기는
뛰어난 리더의 마인드

김 팀장은 8년 차 부장이다. 그는 임원이 된다는 것이 하늘의 별 따기 만큼 어렵다는 것을 잘 알고 있다. 그러나 동료 팀장들보다 항상 뚜렷한 성과를 내왔기 때문에 매년 말 인사에서 임원 승진을 기대했지만 지난번에도 임원 명단에 이름이 오르지 못했다. 이제 임원이 되기는 힘들다는 것이 주변 사람들의 평이었다. 그럼에도 김 팀장은 포기하지 않았다. 특별한 라인이나 도와주는 사람은 없었지만 확실한 성과를 내서 임원의 꿈을 이루겠다고 결심했다. 그리고 올해 드디어 임원 승진자 명단에 김 팀장의 이름이 올랐다.

김 팀장은 어떤 시련에도 굴하지 않고, 자신의 신념을 믿고 목표를 향해 꾸준히 나아간 것이 성공의 비결이었다고 생각했다.

프레임을 통해 시련과 역경을 이겨내는 리더

리더의 자리에 있다 보면 수많은 시련
과 역경에 부딪힌다. 갑자기 기업환경이 변할 수 있고, 팀원들 때
문에 속앓이를 하기도 한다. 이처럼 조직관리, 사람관리 등 불확실
성은 언제나 닥칠 수 있다. 인시아드 경영대학원 교수 네이선 퍼
(Nathan Furr)는 "혼돈스러운 상황에서 불확실성 역량(uncertainty
capability)이 뛰어나면 남들보다 더 창의적이고 더 성공할 가능성
이 높고, 어려운 상황을 기회로 승화하는 능력이 탁월하다."고 말
한다. 여기서 불확실성 역량은 어느 정도 타고 나기도 하지만 대부
분 후천적인 학습과 노력으로 키울 수 있다.

2016년도 노벨화학상 수상자 중 한 명인 네덜란드 흐로닝언대
학교 교수 벤 페링하(Ben Feringa)는 "불확실성을 해소한다는 것은
언제든 실패할 수 있다는 것을 예상한다는 것"이라고 말했다. 그에
게 노벨상을 안겨준 분자기계(molecular machine)가 탄생하기까지
수많은 시련과 실패가 있었지만, 불확실성을 이겨내는 끈기와 회
복탄력성 덕분에 성공할 수 있었다고 한다. 이러한 불확실성을 이
겨내기 위해 페링하 교수는 상황을 다르게 생각해 보는(framing)
스킬이 필요하다고 강조한다.

① 학습 프레임 : 내가 실패했다면 이 상황에서 나는 무엇을 배울 수 있을까?

② 게임 프레임 : 나는 게임에서 질 수도 있다. 오늘은 졌지만 내일은 이길 수 있다. 실수했다고 해서 절대 좌절하지 말자.

③ 감사 프레임 : 내가 가진 것에 감사하는 마음이다. '나는 한없이 부족하지만 지금 이 상황에 있는 것만으로도 축복받은 사람이다'라고 생각하는 것이다.

④ 예측 불가능성(randomness) 프레임 : 오픈어셈블리 창업자 존 윈저(Jon Winsor)는 "인생은 예측 불가하기 때문에 지금 일어난 일들은 내 탓이 아니다. 우리가 모든 위험에 대비해 피하려고 해도 불가피하게 위험에 노출될 수 있다."고 말한다. 성공과 실패는 나의 힘으로 되지 않을 때가 더 많으니 먼저 무릎 꿇지 말라는 것이다.

⑤ 영웅 프레임 : 사람들이 세계적인 베스트셀러 〈해리포터〉 시리즈를 사랑하는 이유는 해리포터가 수많은 역경과 고난을 이겨내고 결국 악에서 승리하는 영웅 이야기이기 때문이다. 마찬가지로 리더는 시련과 역경을 이겨내고 성과를 맛보았을 때 진정한 리더가 된다.

Leadership Insight

리더십 전문가 벤 호로위츠(Ben Horowitz)**는 "시련은 당신이 무엇을 할 수 있는지, 무엇을 할 수 없는지, 무엇을 해야 하는지를 알려준다. 시련은 당신에게 도전과 기회를 제공하고, 당신의 능력과 잠재력을 키워주며, 당신의 삶에 의미와 가치를 더해준다. 시련은 당신을 더 강하고 더 현명하고 더 행복하게 만든다. 시련을 극복하는 가장 좋은 방법은 시련을 피하지 않고 즐기는 것이다. 시련은 피하려고 할수록 더 커지고 더 복잡해지고 더 위험해진다. 시련을 직면하고 해결하고 배우고 성장하는 것이 중요하다."고 말한다. 즉, 리더로 도약하기 위해서는 시련을 성장으로 인식하고 도전하며 즐기자는 것이다.

김 팀장은 자신의 명예만을 위해 임원이 되고 싶었던 것이 아니다. 오랜 시간 열심히 일해왔고 누구보다 좋은 성과를 내왔기에 그에 대한 인정과 보상을 받고 싶었다. 조직에서 성과가 좋다고 해서 임원이 될 수 없다는 것을 잘 알지만, 평소 곧은 신념을 가진 김 팀장은 원칙대로 행동했다. 김 팀장의 사례를 솔루션에서 제시하는 프레임에 적용시켜 보자.

김 팀장은 '일을 하면서 실패를 통해 무엇을 배울 수 있을까?'라는 실패 프레임을 적용했다. 리더들은 한 번의 실패에 크게 낙담하고, 그 책임을 구성원들에게 전가하는 경우가 있다. 그러나 김 팀장은 실패에는 원인이 있고, 그 원인을 잘 보완하면 더 좋은 성과를 낼 수 있다고 믿었다.

임원 승진에서 탈락할 때마다 '이번에는 떨어질 수 있다. 다음에는 꼭 될 수 있도록 노력하자'는 게임 프레임을 적용했다. 여러 번

실패가 반복되면 바로 포기하는 것이 인간의 속성이지만 김 팀장은 성과를 꾸준히 이어가면 사람들이 진정성을 알아줄 것이라고 믿었다.

'지금 내가 이 자리에 있는 것만으로도 감사한 일이다'라는 감사 프레임도 적용했다. '결국 일할 수 있음에 감사한다. 리더로서 이렇게 오랫동안 이 자리에 있는 것은 너무나도 감사한 일이기에 끝까지 내 역할에 최선을 다할 것이다'라는 감사 마인드가 그의 성공을 도왔다.

'내가 하는 일은 언제나 예측 불가하니 어떤 역경이 와도 나는 이겨낼 수 있다'는 예측 불가능성 프레임도 적용했다. 일이라는 것은 성공할 때도 있고, 실패할 때도 있다. 그때마다 일희일비하지 말고 불확실한 미래를 위해 투자해야 한다.

'끝까지 잘해내고 꾸준히 성과를 내면 언젠가는 나의 진가를 알아줄 것이다'라는 영웅 프레임도 그를 임원으로 이끄는 데 한몫했다.

리더의 자리에 있다는 것은 끊임없이 닥치는 시련과 역경의 상황에 놓인다는 의미다. 그러한 상황들을 하나하나 이겨낼 때 결국 리더로서 성공한다. 시련이 닥칠 때마다 절망하고 힘들어하는 리더는 오래가지 못한다. 내 앞에 닥친 상황을 받아들이고 있는 그대로 직면하여 다시 시작할 힘을 얻는 것이다. '이 시련이 계속되지 않을 것'이라는 생각과 '결국 나의 능력과 성과로 극복할 것'이라는 생각이 그를 더 좋은 리더로 만들 것이다.

사람들은 시련과 역경을 이겨낸 스토리에 환호한다. 장애를 극복한 사람들, 최악의 상황에서 금메달을 따낸 메달리스트, 성장기의 가난을 이겨낸 부자들은 영웅 프레임에서 승리한 사람들이다. 훌륭한 리더는 마치 영웅처럼 험난한 길을 헤쳐 나간다. 어떤 어려움이 다가오더라도 '나는 결국 승리할 것이다'라는 마인드를 갖는다면 최고의 성과를 내는 리더가 될 것이다.

•   Furr, N. (2020, March 27). You're Not Powerless in the Face of Uncertainty, *Harvard Business Review*.

••   Horowitz, B. (2014). *The Hard Thing About Hard Things : Building a Business When There Are No Easy Answers*. Harper Business.

권력전환을 활용한
조화로운 리더십

임 팀장은 의사결정을 하기까지 시간이 오래 걸리는 편이다. 혼자 독단적으로 결정하기보다 팀원들과 다양한 논의를 거쳐서 의사결정을 내리기 때문이다. 임 팀장은 팀원들과 합의될 때까지 논의를 하다 보니 회의가 길어지기도 한다. 그러나 CFO는 임 팀장의 신중함이 불만이다. 리더라면 카리스마 있게 빠른 의사결정을 해야 하는데 너무 느려서 답답하다는 것이다.

구성원들에게 힘을 실어주는 리더와 구성원들이 책임지고 일하도록 밀어붙이는 리더 중 어느 쪽이 더 좋은 리더인지 임 팀장은 고민하고 있다.

권한행사 모드와 수평 모드에서의 조화로운 리더십

사람마다 리더십 스타일이 다르다. 대표적인 유형이 카리스마를 가지고 자신의 생각을 밀어붙이는 리더와 수평적인 관점에서 구성원의 합의된 의견을 가지고 의사결정을 하는 리더이다. 연구 결과에 따르면 둘 중 하나를 지향하는 것 자체가 잘못이라고 한다. 뛰어난 리더는 2가지 상황을 유연하게 적용할 수 있어야 한다는 것이다. 상황에 따라 카리스마를 가지고 의사결정을 해야 할 때도 있고, 구성원들과 논의해서 의사결정을 내려야 할 때도 있다. 여기에서 중요한 것은 리더의 상황 판단 능력이다. 어떻게 의사결정하는 것이 가장 효율적인가를 민첩하게 판단하고 행동해야 한다.

하버드경영대학원 교수 프란체스카 지노(Francesca Gino), 미시간대학교 경영대학원 교수 린디 그리어(Lindy Greer), 스탠퍼드대학교 교수 로버트 서튼(Robert I. Sutton)*의 공동연구에서는 리더와 팀이 '권한행사'나 '수평적인 관계' 둘 중 하나에 빠지면 문제가 생긴다고 한다. 권한행사는 리더가 권력을 꽉 쥐고 있는 상태이고, 수평적인 관계는 리더가 위계구조를 없애고 권력을 공유하는 상태를 말한다. 카리스마가 넘치고 고압적인 리더가 이끄는 조직은 혁신적이거나 창의적인 아이디어를 내기 어렵고, 수평적인 관계를 선호하는 리더는 명확한 의사결정, 효율적인 조치 등이 부족하다. 가장 성공적인 조직은 리더가 권한행사나 수평적인 관계를 상황에 맞게 조율하면서 리더십을 발휘하는 조직이다.

픽사 애니메이션 스튜디오의 사례는 리더가 권력을 유연하게 전환하는 것이 얼마나 유용한지를 보여준다. 픽사는 〈니모를 찾아서〉 〈토이스토리〉 등 수많은 명작을 만들어 낸 애니메이션 영화 제작사이다. 32년 동안 회장을 지낸 에드 캣멀(ED Catmull)은 '두뇌위원회'라는 조직 회의체에서 권력전환 방식을 사용했다. 두뇌위원회에서는 모든 사람들이 동등하게 발언한다. 이때 회의실 내 권력을 없애기 위해 리더는 말하지 않고 듣기만 한다. 그리고 회의가 끝나면 다시 위계구조로 돌아간다. 즉, 회의 중에는 철저하게 수평적인 분위기에서 회의를 하고, 리더는 그 결과를 바탕으로 최종 의사결정을 하는 것이다.

리더가 권력전환 능력을 키울 수 있는 4단계 솔루션을 알아보자.

1) 마인드셋을 재점검한다

위계가 고정되어 있다는 가정에 의문을 제기한다. 조직은 당연히 위계가 있지만 즉흥적으로 연주하는 재즈 뮤지션처럼 자유롭게 의견을 낼 수 있는 유연한 조직문화를 만드는 것이 필요하다. 또한 리더는 권력을 공유해도 권위가 감소하지 않는다는 사실을 직시해야 한다. 리더는 다른 사람들이 의견을 표명하고 결정을 내리면 자신의 지위가 약해질까 봐 두려워한다. 그러나 그런 일은 절대 벌어지지 않는다. 구성원들의 의견을 수용하고 그에 따라 실행할 때 리더십이 더 강력해짐을 인식해야 한다.

2) 자신과 팀을 분석한다

자신이 회의에서 어떻게 말하는지 분석해 본다. 자신이 듣기보다 말하는 시간이 많다면 경청하는 시간을 늘린다. 팀의 분위기도 파악해야 한다. 의견을 자유롭게 말하는지, 의견을 말하기를 꺼리는지 파악해서 분위기에 맞춰 회의를 진행해야 한다. 의견을 내지 않는 팀은 리더가 권한행사를 많이 하기 때문일 수 있다. 리더는 자신과 팀이 어떤 상태인지를 파악하고 변화를 모색해야 한다.

3) 의식이나 절차를 설정한다

훌륭한 리더는 회의, 프로그램, 프레젠테이션 등 각각의 상황에 따라 권력전환을 사용하는 것이 필요하다. 예를 들어 미 해군 특수부대 네이비실(Navy SEALs)은 지휘통제 모드에서 회의 모드로 전환할 때, 모든 사람이 동등하게 비판과 제안을 할 수 있도록 일시적으로 참석자 전원이 모두 계급장을 떼고 회의를 진행한다. 지휘체계가 엄격한 군대에서 전환 모드를 사용하기 위한 의식이나 절차를 정해둔 것이다.

4) 말과 행동으로 모드 변경을 강화한다

리더의 코칭은 하마에 비유할 수 있다. 리더는 하마처럼 물 밖으로 나와 권력을 행사해야 할 때와 다른 사람에게 권력을 넘겨주고 가라앉아야 할 때를 알아야 한다. 물속에 있을 때는 수면 위로 눈만 내놓고 팀을 신중히 지켜본다. 리더가 의견을 모을 때는 유연하게 브레인스토밍을 하고, 이를 통해 다양한 의견이 모이면 과감하게 의사결정을 내리는 등 자유자재로 전환할 수 있어야 한다.

Leadership Insight

세계적인 리더십 학자 켄 블랜차드(Ken Blanchard)**는 "리더는 팀원들과의 관계를 중요하게 생각하고, 그들에게 존중과 신뢰, 격려와 지원을 끊임없이 제공하고, 지속적으로 팀원들에게 적절한 피드백을 주면서 칭찬하고, 그들의 성공을 함께 기뻐해야 한다."고 말한다. 구성원들에 대한 신뢰와 인정이 지속적인 성과를 낼 수 있는 비결이라는 것이다.

리더는 조직의 성과에 기여해야 한다. 그렇다면 어떻게 성과를 달성해야 하는가? 리더는 실무자처럼 열심히 일만 해서는 안 된다. 훌륭한 리더는 구성원들에게 동기부여를 하고, 그들이 최고의 팀워크를 발휘해 목적을 달성하도록 이끌어야 한다. 또 구성원들이 성과를 낼 수 있도록 코칭하고 피드백하는 역할을 해야 한다.

리더는 강력한 카리스마를 발휘하여 의사결정을 해야 한다. 또한 구성원들과 수평적인 관계를 유지하며 그들의 창의적인 아이디어와 업무 솔루션에 대한 제안을 기꺼이 들어주어야 한다. 2가지 모드가 자유자재로 전환될 때 리더십과 팀워크는 극대화된다. 한 가지 리더십 스타일에 고정되어 있다는 것은 정형화되어 있다는 뜻이다. 뛰어난 리더는 스타일에 관계없이 상황에 따라 유연하게 변화할 줄 알아야 한다. 전문가는 자신이 움직이지만 리더는 구성원을 움직인다. 유연한 리더십을 발휘하여 구성원이 스스로 움직여 성과를 내는 것이 리더의 핵심적인 역할이다.

메이저리그 LA다저스의 감독을 지낸 토미 라소다(Tommy Lasorda)는 "관리란 손에 비둘기를 들고 있는 것과 같다. 너무 세게 쥐면 죽고 너무 느슨하게 쥐면 날아간다."고 말했다. 리더가 유연하고 민첩하게 대응해야만 조직이 역동적으로 돌아간다는 의미다. 훌륭한 리더라면 권한행사와 수평적인 관계의 2가지 리더십을 상황에 따라 적절하게 잘 사용해야 한다.

• Gino, F., Greer, L., & Sutton, R. I. (2023, March-April). You Need Two Leadership Gears. *Harvard Business Review*.

•• Blanchard, K. (2007). *The Heart of a Leader : Insights on the Art of Influence* (2nd ed.). David C. Cook.

비슷한 의견을 내는
구성원을 멀리하라

신사업 프로젝트를 맡은 오 팀장은 회의를 소집해 프로젝트의 방향에 대해 자신의 생각을 제시하고, 팀원들에게 의견을 구하고자 한다.

오 팀장 : 이번 프로젝트는 기존 사업과는 달리 새로운 시장을 개척하는 것이 목표입니다. 이를 위해 회사 차원에서의 과감한 투자와 팀원들의 새로운 아이디어가 필요합니다.

안 선임 : 맞습니다. 새로운 프로젝트는 리스크가 크다는 것을 고려해야 하기 때문에 신중해야겠지만, 조직의 미래를 위해서는 팀장님 의견처럼 과감한 투자를 해야 합니다.

차 선임 : 저도 팀장님의 의견에 동의합니다. 새로운 시장을 개척하기 위해서는 과감한 투자와 새로운 아이디어가 필요합니다.

오 팀장은 팀원들의 의견이 모두 자신의 생각과 일치하는 것을 확인했다. 이후 더 이상 토론을 진행하지 않고, 다음 회의 때까지 구체적으로 신사업 아이디어를 두 개씩 준비해 오기로 하고 회의를 마쳤다.

리더의 반향실 효과를 이겨내는 방법

리더는 직급이 올라갈수록 자신의 생각에 확신을 가지는 경향이 있다. 이것을 '반향실 효과(echo chamber effect)'라고 한다. 자신과 비슷한 생각이나 의견을 가진 사람들에게 둘러싸여 있으면 자신의 생각이 더 강화되는 것이다. 이 경우 모두 리더의 의견에 동의할 뿐 다른 아이디어나 부정적인 피드백은 나오지 않는다. 이처럼 가능한 모든 옵션을 객관적으로 평가하기보다 갈등 없이 만장일치를 유도하다 보면 '집단순응사고(groupthink)'에 빠질 가능성이 크다. 이러한 분위기에서 리더는 자신의 생각에 동조하는 구성원들을 가까이 하고, 반대 의견을 말하는 구성원들은 멀리하게 된다. 이 경우 두려움 없이 자신의 생각을 이야기할 수 있는 심리적 안전감을 형성하기 어려워진다.

세계적인 리더십 코치 디나 스미스(Dina Smith)˙는 반향실 효과를 방지하기 위해 5가지 솔루션을 제시한다.

1) 피드백과 아이디어를 계속 요청하라

리더는 구성원들의 피드백과 새로운 아이디어를 끊임없이 들어야 한다. 사소한 것이라도 경청하고 구성원들이 편하게 의견을 낼 수 있는 분위기를 만들어야 한다. 특히 리더와 다른 의견을 가진 구성원들의 생각을 독려하고 부정적인 피드백은 더 감사하게 받아들인다. 리더가 피드백을 듣고 개선하는 모습을 보인다면 구성원들도 기꺼이 자신의 목소리를 낼 것이다.

2) 호기심을 가지고 경청하라

1대1 면담의 자리를 자주 만들어야 한다. 주기적으로 대화의 시간을 가지면 다양한 이야기를 나누는 과정에서 솔직한 피드백이 나온다. 부정적인 피드백을 받을 때는 기분 나쁜 감정을 억눌러야 한다. 사람들은 자기가 옳다고 믿는 것은 잘 바꾸려 하지 않는 '확증편향(confirmation bias)'을 가지고 있다. 자신의 생각과 다른 말을 듣고 싶지 않은 것도 당연하다. 하지만 나와 다른 생각에는 "어떻게 그런 결론에 이르게 되었나요?" "조금 더 자세히 이야기해 줄 수 있어요?"와 같은 질문으로 더 깊이 들어본다.

3) '네' '그리고'를 자주 말하라

대화할 때 상대방이 '아니요' '하지만' '그러나' '글쎄요'와 같은 말을 하면 내 말을 무시한다는 생각이 들 수 있다. 반면 '네' '그리고'라고 말하면 존중받고 있다는 느낌이 들어서 아이디어를 더 진전시키고, 더 적극적으로 이야기할 수 있다.

4) 마지막에 말하라

리더는 회의에서 가장 마지막에 말하는 습관을 들이는 것이 좋다. 중간에 질문을 할 수도 있지만 일단 계속 듣기만 하자. 마지막에 이야기할 즈음이면 구성원의 이야기를 다 들었기 때문에 처음과는 다른 관점에서 내 생각을 전달할 수 있다.

5) 다른 관점을 위한 악마의 변호인을 만들어라

구성원들이 의견을 내지 않는다면 다른 부서의 구성원을 초대해 '악마의 변호인(devil's advocate)' 역할을 맡겨본다. 사실에 기반한 다른 관점의 이야기를 계속 들으면 새로운 아이디어와 반박하는 이야기들이 나올 수 있다.

Leadership Insight

사람들은 자신의 말을 잘 들어주는 사람에게 마음이 끌리게 마련이다. 리더도 자신의 결정에 호의적이고 잘 따라주는 구성원에게 호감을 가진다. 하지만 이런 상황이 반복되면 리더십은 무너지게 된다. 리더의 생각과 의사결정이 언제나 옳은 것은 아니므로 다른 생각과 피드백을 받아야 좋은 방향으로 나아갈 수 있다.

리더는 구성원들의 생각을 최대한 경청해야 한다. 그들이 어떤 생각을 가지고 있는지, 리더와 다른 생각은 없는지 살피고, 때로는 부정적인 피드백까지 기꺼이 들어야 한다. 이때 중요한 것이 리더의 언행일치다. 말로는 구성원의 이야기를 잘 듣고 수용하겠다고 하면서 결국 자기 생각대로 행동하는 리더에게는 신뢰가 가지 않는다. 리더는 '말'보다 '행동'이 중요하다. 변화에 대한 부정적인 피드백을 들었다면 리더는 솔선수범해서 언행일치를 보여야 한다. 특히 구성원들은 개선하겠다는 약속을 반드시 지키는 리더를 따른다. 언행일치가 지켜지지 않는 한 리더십을 발휘할 수 없다.

스위스 철학박사이자 베스트셀러 작가 롤프 도벨리(Rolf Dobelli)[**]는 "리더들은 우리가 이미 알고 있는 것과 일치하는 정보만을 찾는 경향이 있다. 이런 경향은 우리의 사고를 왜곡하고, 편향된 결론을 내리게 만들 수 있다."고 말한다. 리더가 반향실 효과와 집단순응 사고에서 벗어나려면 끊임없이 자신을 성찰하고 구성원의 말에 귀를 기울이면서 변화해야 한다.

누구나 부정적인 피드백을 받아들이기는 힘들다. 그러나 이런 고통을 이겨내야 진정성 있는 리더로 거듭날 수 있다. 흔히 '아부하는 직원들은 멀리하고 옳은 말을 하는 직원들을 가까이 하라'는 말이 있다. 그 순간은 힘들지만 결국 성과를 극대화하는 비결은 다양한 의견을 바탕으로 변화하고 개선하는 것이다.

[•] Smith, D. (2022, July 21). How Leaders Can Escape Their Echo Chambers. *Harvard Business Review*.

[••] Dobelli, R. (2014). *The Art of Thinking Clearly*. Sceptre.

Harvard Business Review

리더와 팔로워로서
중간관리자 역할

차 팀장은 팀원들의 불만 때문에 스트레스가 이만저만이 아니다. 프로젝트는 막바지로 가고 있는데 팀원 2명이 퇴사하는 바람에 나머지 팀원들이 대부분 야근을 하는 상황이다. 팀원들은 상무님께 보고해한시라도 빨리 인원을 충원하거나 다른 부서에라도 지원과 협조를 요청해야 한다고 말한다. 그 상황을 누구보다 잘 알고 있는 차 팀장은 상무님에게 보고하고 인원 충원을 요청했다. 그러자 상무님은 회사의 상황도 좋지 않고 급하게 사람을 채용하는 것은 리스크가 크니 일단 기존의 인원으로 마무리하자고 했다.

이러한 상황을 팀원들에게 알렸다가는 다들 동반 퇴사할 분위기다. 차 팀장은 중간에서 이러지도 저러지도 못한 채 시간이 지날수록 스트레스와 야근만 가중되고 있다. 위로는 상무, 아래로는 팀원들을 거느리고 있는 팀의 리더로서 어떻게 해야 현명하게 대처할 수 있을까?

4가지 스타일의 연결형 리더

조직에서 팀장은 리더십의 핵심에 있다고
한다. 그러나 엄밀히 말하면 최상위 리더에게는 여전히 팔로워이기
도 하다. 조직에서 리더이자 팔로워인 팀장의 자리는 사업의 엔진이
고, 일을 돌아가게 하는 톱니바퀴이며, 개개인의 역량을 하나로 모으
는 접착제 역할을 한다. 이러한 개념에서 보면 모든 리더 역시 팔로
워이고, 모든 팔로워 역시 리더라고 말할 수 있다. 중간관리자로서의
팀장은 윗사람에 비해서는 상대적으로 작은 팔로워십을 갖고, 팀원
들에 비해서는 더 큰 힘과 리더십을 가지고 관계를 구축하고 있다.

서식스경영대학원 교수 자히라 제이서(Zahira Jaser)는 "중간관
리자로서 팀장은 팀원에게는 주도적인 리더가 되는 동시에 최고경
영자에게는 적극적인 팔로워가 되어야 한다."고 말한다. 팀장으로
서는 팀원들을 이끌어야 하는 반면, 최상위 리더에게는 적극적인
도움을 주어야 하는 것이다. 이렇게 연결 역할을 제대로 할 때 상하
간의 위계로 인한 거리감을 줄이고 조직을 하나의 팀워크로 묶을
수 있다. 제이서 교수는 연결형 리더의 역할을 4가지로 분류한다.

1) 야누스형

야누스형 리더는 조직에서 최상위 리더와 팀원 모두의 관심사에

관여한다. 양방향을 동시에 볼 수 있는 능력을 가지고 상호 간의 문제를 해결하고자 한다. 하지만 양측 모두에 적극적으로 공감해야 하기 때문에 번아웃과 감정노동이 커질 수 있다. 타인의 말을 들어주고 공감하는 일에는 에너지가 많이 소모되기 때문이다. 조직에서는 야누스형 리더가 정서적인 부담을 덜 수 있도록 코칭과 심리적 지원을 제공하는 것이 중요하다.

2) 브로커형

브로커형 리더는 상충하는 의제를 가진 사람들을 연결하는 역할을 한다. 최고경영진과 팀원들은 위계구조로 나뉘기 때문에 양측의 서로 다른 생각들을 해석하고 통역하는 역할이 필요하다. 최고경영진의 의사결정과 팀원들의 의견이 상충될 때, 리더는 필요에 따라 양측이 서로 직접 소통할 수 있는 중개 역할을 해야 한다. 때로는 브로커 역할이 문제해결의 결정적 계기가 되기도 한다.

여기에서 위험요소는 비협조적이거나 설득하기 어려운 최고경영진이다. 최고경영진이 일방적인 지시와 명령을 하는 카리스마형이라면 브로커 스타일을 적용하기 어렵다. 따라서 조직 전체가 개방적으로 서로 포용할 수 있는 문화를 만드는 것이 중요하다.

3) 전달자형

전달자형 리더는 팀원의 목소리를 최고경영진들이 잘 납득할 수 있도록 전달한다. 팀장이 최고경영진에게 솔직하게 말한다는 것은 건설적인 도전이기도 하다. 팀원들에게는 고마운 리더이지만, 본인 스스로 온전히 리스크를 감당해야 한다. 팀장으로서 자신이 가장 똑똑한 사람이 아니라는 점을 인정해야 하고, 최상위 리더와 의견이 상충되는 상황에서는 갈등을 피할 수 없기 때문이다. 심리적인 안전감을 주는 조직문화를 조성해야 전달자형 리더가 역할을 제대로 수행할 수 있다.

4) 줄타기 곡예사형

진퇴양난의 상황을 비판적으로 평가하고 균형 잡힌 태도를 취하는 리더이다. 자유롭게 일하는 문화를 만드는 동시에 성과도 관리해야 하므로, 상충되는 필요와 요구로 인해 무기력해지기 쉽다. 따라서 전략적이면서도 비판적인 사고를 통해 균형을 유지하며 어려

연결형 리더의 실천 사례와 주요 위험 및 완화 요인

	실천 사례	주요한 위험 요인	완화 요인
야누스	양측 모두에 공감하기	번아웃과 감정노동	코칭과 심리적 지원
브로커	화합을 위해 양측과 교섭하기	비협조적인 최고경영진	개방성과 포용의 문화 조성
전달자	타인을 위해 목소리 내기	상부에 자신을 몸소 드러내는 것	심리적 안정 문화 육성
곡예사	대립하는 양측 모두를 비판적으로 사고하고 평가하기	인지과부하, 혼란, 느린 행동	자유로운 토론의 공간 제공

운 상황들을 극복해 나가야 한다. 조직에서는 안전하고 비판적인 토론을 할 수 있는 공간을 제공해 갈등 상황을 미리 방지하는 것이 중요하다.

페이스북(메타)에서 리더로 일하고 있는 줄리 주오(Julie Zhuo)**는 "리더의 명확한 목표와 기대 설정은 성공에 필수적이다. 따라서 팀원들의 코칭 및 개발은 리더가 해야 할 가장 중요한 일 중 하나이다. 리더가 팀원들이 기술과 지식을 개발하는 데 시간을 투자하면 팀원들이 성장하고 발전함으로써 팀 전체가 더 강해질 것이다."고 말했다.

리더는 어떤 상황에서도 목표를 설정해 성과를 내는 데 집중해야 하며, 그것을 위한 구성원들의 성장에 핵심적인 노력을 기울여야 한다. 결국 중간 위치에서 리더와 구성원 간의 리더십을 제대로 발휘할 때 조직과 팀이 원하는 성과를 낼 수 있다.

팀장은 리더 또는 팔로워로서 4가지 연결형 리더의 역할을 제대로 해야 한다. 상황에 따라 각각의 역할을 수행하는 빈도가 달라진다. 어떤 역할이 더 중요하다거나 잘해야 하는 것은 아니다. 상황에 맞춰서 적절한 역할을 하면 된다.

최고경영진과 구성원들의 생각이 많이 다를 경우에는 서로의 입장을 이해시키고 최고경영진에게 자주 보고함으로써 공감을 유도

하는 야누스 역할을 해야 한다. 직접 설득하기 어려운 의제들을 최고경영진과 실무진 미팅을 통해 이해시키는 것은 브로커 역할이다. 부당하거나 공정하지 못한 어젠다가 있을 경우 구성원을 대변하여 최고경영진에게 솔직하게 피드백하는 전달자 역할도 중요하다. 팀장에게는 리스크가 클 수 있지만 조직의 성과와 성장에 도움이 된다면 줄타기 곡예사 역할을 해서 상충되는 상황을 냉정하게 평가하고 실행하는 것이 필요하다. 팀워크를 잘 발휘하여 성과를 내려면 인지적인 혼돈의 어려움을 극복하고 양쪽의 균형을 잘 맞춰 리더십을 발휘해야 한다.

조직에서는 리더가 리더뿐만 아니라 팔로워로서 역할을 제대로 수행할 수 있도록 코칭 프로그램을 지원하고, 심리적 안전감을 줄 수 있는 조직문화를 구축할 필요가 있다. 중간관리자로서 팀장은 비전과 영감을 제시하는 리더이자, 용기 있고 적극적인 팔로워라는 사실을 기억해야 한다. 양방향으로 리더십과 팔로워십을 발휘하는 리더가 최고의 성과를 내는 리더로 성장한다.

- Jaser, Z. (2021, June 7). The Real Value of Middle Managers. *Harvard Business Review*.
- • Zhuo, J. (2019). *The Making of a Manager : What to Do When Everyone Looks to You*. Portfolio.

HBR
LEADERSHIP
INSIGHT

Chapter
2

사람관리

people
management

커뮤니케이션

: 독백이 아닌 대화가 되려면 :

people
management

리더의 핵심 직무,
커뮤니케이션

장 팀장은 뛰어난 업무 실력을 인정받아 최근 팀장으로 승진했지만, 팀원들과 소통하는 데 애를 먹고 있다. 평소에 각자가 자기 일만 잘하면 된다고 여겼기에 따로 시간을 내어 팀원들과 대화하는 과정이 번거롭고 불편했다. 그러다 보니 자연스럽게 업무지시 외의 소통은 거의 이루어지지 않았고, 급기야 팀원들의 불만이 쌓이고 업무 처리에 문제가 생기기 시작했다.

실무자 때는 팀원들과 편하게 이야기를 나누기도 했지만, 팀장이 된 이후에는 왠지 다들 자신을 어려워하는 눈치다. 팀원 몇몇은 소통 없는 팀장의 리더십을 지적하며 연달아 이직했고, 장 팀장은 자신을 바라보는 임원들과 팀원들의 시선이 차갑게 바뀌었음을 느꼈다.

높은 성과를 불러오는 소통의 기술

목표달성과 업무적 역량뿐만 아니라 사람에 집중하고 소통하는 것도 리더의 중요한 역할이다. 구성원들이 리더가 자신에게 인간적인 관심을 갖고 배려하며 돕고 있다는 것을 느낄 수 있어야 한다. 사회신경과학자 매튜 리버만(Mattew Lieberman)에 따르면 탁월한 분석력 및 문제해결 능력으로 결과에 집중하는 사람을 훌륭한 리더라고 인식할 확률은 겨우 14%에 불과하다고 한다. 반면에 소통과 공감을 비롯한 사회적 기술을 함께 갖춘 사람을 훌륭한 리더라고 인식할 확률은 72%에 달했다.＊

100명 이상의 최고경영자와 소통 전문가를 대상으로 연구를 진행한 하버드경영대학원 교수 보리스 그로이스버그(Boris Groysberg)와 소통 컨설턴트 마이클 슬린드(Michael Slind)＊＊에 따르면 스마트한 리더들은 구성원들과 1대1 대화로 관계를 맺고, 단순한 명령보다 소통을 통해 높은 성과를 올린다고 한다. 이들은 조직을 강화하고 싶은 리더들이 실행해야 하는 4가지 소통의 기술을 제시했다.

1) 친밀성(Intimacy)

가까운 만큼 개인적인 대화도 활발해지기 마련이다. 리더는 자신과 구성원들에게 거리감을 주는 제도, 태도, 공간을 최소화할 필요가 있다. 구성원들과 친밀하게 소통하고 진심으로 대화하며 그들의 목소리를 들어야 한다. 좋은 말은 물론 직설적인 피드백과 개인적인 비판도 받아들일 수 있어야 한다. 친밀한 대화가 리더십의 시작이다.

2) 상호작용(Interactivity)

리더가 일방적으로 이야기하는 것은 대화가 아니다. 구성원들과 솔직하게 질문과 의견을 주고받을 수 있어야 한다. 친밀성을 기반으로 상호작용을 추구할 수 있으며, 또한 상호작용은 친밀성을 높인다.

3) 참여(Inclusion)

구성원들은 논의와 토론에 참여할 때 자신의 생각은 물론 마음과 영혼까지 쏟아붓는다. 리더의 입장에서 구성원의 참여는 주도권의 상당 부분을 그들에게 양도한다는 부담으로 다가오기도 한다. 하지만 이제는 온라인에서 누구나 자유롭게 리더와 조직에 대해 평가할 수 있다. 구성원들이 논의와 토론에 적극적으로 참여할수록 스스로 조직에 도움이 되는 역할을 해낸다.

4) 목적성(Intentionality)

대화를 비롯한 소통이 성과로 이어지려면 설득이든 학습이든 즐거움이든 목표가 있어야 한다. 친밀성, 상호작용, 참여가 아이디어의 흐름을 열기 위한 것이라면, 목적성은 앞의 과정을 닫는 역할을 한다. 이때 명령이 아닌 합의를 이끌어 낼 수 있도록 리더는 명령이 아닌 설명을 하고, 논의와 토론을 거쳐 실행해야 한다.

Leadership Insight

장 팀장처럼 평소에 구성원과 소통하지 않았던 리더라면, 소통하는 리더가 되기 위해 무엇부터 해야 할까?

우선 소통이 리더의 주요 업무임을 인정해야 한다. 소통을 시간 낭비라고 여기며 소홀히 한다면 성공적인 리더십을 기대하기 어렵다. 구성원들과의 소통은 리더에게 한쪽 날개와 같다. 리더에게 탁월한 업무능력과 성과창출 능력이 있더라도 구성원과 소통이 없다면 한쪽 날개 없이 날아야 하는 것과 같다. 새가 좌우의 날개로 날아가듯이 리더는 소통을 주요 직무 중 하나로 받아들여야 한다.

리더는 자신이 구성원들과 얼마나 소통하고 있는지 객관적으로 살펴봐야 한다. 높은 자리에 있는 리더일수록 발언권을 독점하고 지시하면서 자신을 소통의 대가라고 과대평가할 가능성이 높다. 나의 소통 수준을 파악하기 위해서는 구성원에게 솔직한 의견을 구하는 것은 물론, 자신이 회의 중 발언을 얼마나 독점하는지도 확인해야 한다.

나의 소통 수준을 파악했다면, 이를 토대로 사람 중심의 소통 목표를 세워본다. 장 팀장처럼 이제 막 리더의 자리에 올랐다면 친밀

성과 상호작용에 중점을 둘 수 있고, 공감이 어렵다면 공감의 언어를 훈련하겠다는 목표를 세울 수 있다.

리더는 성과를 내야 한다. 그러나 팔로워였던 이전과 달리 리더 혼자 성과를 낼 수는 없다. 리더십 베스트셀러 작가 존 맥스웰(John C. Maxwell)***은 "리더는 혼자 일하지 않는다. 위대한 리더는 구성원을 전체로 인식하지 않고 각자 다른 욕구를 지니고 삶을 꿈꾸는 각각의 개인으로 본다."고 말한다. 즉, 리더는 구성원 개개인과 소통하면서 그들이 성과를 낼 수 있도록 도와줘야 한다. 구성원들과 어떻게 소통하느냐에 따라 리더십을 인정받을 수 있다. 사람과 성과가 함께 따라오는 것이다.

•   McEnroe, C., & Rock, D. (2023, July 25). 3 Ways Our Brains Undermine Our Ability to Be a Good Leader. *Harvard Business Review*.

••   Groysberg, B., & Slind, M. (2012, June). Leadership Is a Conversation. *Harvard Business Review*.

•••   Maxwell, J. C. (2022). *The 21 Irrefutable Laws of Leadership : Follow Them and People Will Follow You* (25th Anniversary ed.). HarperChristian Resources.

리더는
'공감의 책임자'

박 팀장은 논리적으로 명확하고 빠르게 해결책을 찾는다고 자부하는 사람이다. 어느 날 진행 중인 프로젝트가 어려움에 맞닥뜨렸을 때 이 대리가 박 팀장을 찾아왔다.

이 대리 : 팀장님, 이번 프로젝트에 대해 말씀드릴 것이 있습니다.

박 팀장 : (모니터를 보면서) 네, 듣고 있어요. 이야기하세요.

이 대리 : 이번 프로젝트 일정이 너무 촉박합니다. 회사의 시스템을 대대적으로 바꾸는 것이다 보니 수반되는 작업이 상당합니다. 그래서 전에도 말씀드렸는데….

박 팀장 : 그 얘기는 이미 했잖아요. 일정대로 진행하세요.

이 대리 : 제가 어떻게든 기한 내에 해보려고 야근도 하고 주말에도 작업하고 있는데, 도저히 현실적으로 어려운…

박 팀장 : 다들 힘들죠. 그럼 이 대리의 일을 내가 해야 하나요? 기한은 정해져 있고, 이 대리가 담당자 아닌가요?

이 대리 : 아, 네.

공감의 4단계 접근법

인격과 감정이 있는 사람들을 돌보고 이끌어야 한다는 점에서 '공감'은 매우 중요한 리더십 역량이다. 타인의 입장과 관점을 이해하고 받아들이는 공감 능력은 구성원들의 신뢰를 얻는 데 있어 무엇보다 중요하다. 커뮤니케이션 전문가 조엘 슈월츠버그(Joel Schwartzberg)˙는 어려운 상황에 처해 있는 구성원들에게 위안을 주기 위한 공감의 4단계 접근법을 제시한다.

1) 경청(Listening)

상대의 말을 주의 깊게 들어줌으로써 이해와 공감을 표현할 수 있다. 경청하는 태도는 '상황에 대해 듣고 싶다'는 의지를 보여준다. 리더는 구성원의 이야기를 들으면서 문제해결 방법을 이미 알고 있다 하더라도 너무 빨리 답하지 말아야 한다. 입은 닫고 귀는 크게 열어야 경청이 가능하다.

2) 인정(Acknowledgement)

리더가 문제를 직접 해결하지 않더라도, 문제 상황에 맞닥뜨린 구성원의 입장을 이해하고 인정하는 것 자체만으로도 공감이 전달된다. '당신이 불안하다는 것을 안다' '힘든 시기라는 것을 알고 있다'와 같이 리더가 십분 이해한다는 모습을 보여주자.

3) 염려(Care)

인정에서 한 단계 더 나아가 구성원의 어려움에 대해 '마음이 아프다'는 등 진정으로 걱정하는 모습을 보여준다. "저는 여러분의 안전을 최우선으로 생각합니다" "여러분이 번아웃에 빠질까 봐 걱정됩니다"처럼 말해 주는 것이다. 이처럼 리더가 염려를 표현할 때 구성원도 관심으로 화답하며 공감이 양방향으로 이루어진다.

4) 행동(Action)

행동을 공감의 반응이라고 여기지 않는 것이 일반적이지만, 리더는 문제 상황에 대처하는 행동이나 해결 방안을 제안함으로써 공감을 표현할 수 있다. 행동까지 이어진다면 리더가 상황을 적극적으로 해결하고자 한다는 의지를 보여줄 수 있다.

Leadership Insight ────────────────────────●

박 팀장은 이 대리의 어려움에 대해 공감의 4단계 접근법에 따라 대화를 시도해야 한다.

먼저 박 팀장은 모니터에서 눈을 떼고 이 대리를 향해 몸을 돌리고 마주 보며 '당신의 이야기를 들을 준비가 되어 있다'는 메시지를 명확하게 전해야 한다. 명료함과 효율을 중요하게 여기는 리더일수록 상대의 이야기를 듣는 시간을 견디지 못한다. 당장 치고 들어가 날카로운 판단과 해결책을 한마디 던져주고 싶을 것이다. 그러나 가장 열정적인 침묵이 진정한 경청일 수 있다. 리더가 입을 닫아야 구성원들이 말할 수 있고, 그래야 비로소 상대의 이야기가 들린다.

다음으로 '인정'한다는 것을 보여주기 위해서는 문제해결보다 이 대리가 프로젝트로 인해 어떤 영향을 받는지에 주목할 필요가 있다. "이 대리가 빠듯한 일정 때문에 스트레스를 받고 있다는 것을 잘 알고 있어요." 이 대리가 겪고 있는 어려움 그 자체를 외면하지 않고 인정해 주는 것이다.

이어서 인정을 넘어 이 대리의 상황에 대한 '진정한 염려'를 표현한다. "이 대리가 야근까지 하면서 기한을 맞추기 위해 노력하고 있다니 너무 고생이 많겠어요. 저도 참 안타깝네요."

이렇게 공감을 표한 후, 리더가 관련된 '행동'을 취하겠다는 의사표현을 한다. "기한 조정이나 인력 지원이 필요한 부분에 대해 이번 팀 회의에서 논의해 봅시다." "프로젝트를 함께 진행 중인 B팀과 협의해서 가능한 지원책을 찾아볼게요."

구성원이 용기를 내어 이야기를 꺼냈을 때 리더는 이것을 인정하고 공감을 표현해야 한다. '하지만' '그래도' '그렇지만' 등의 부정적인 말로 대응하면 신뢰가 깨진다. 이러한 반응이 쌓이면 무슨 이야기를 해도 소용없다고 느낀 구성원은 결국 아무 말도 하지 않는다. 물론 구성원의 모든 어려움과 요구를 전부 받아들이는 것은

불가능하지만, 구성원에게 관심을 가지고 지켜본다는 태도를 보여주는 것이 중요하다.[••]

평소 사실에 기반해 판단하는데 익숙한 리더라면 이러한 인정과 공감의 표현이 어색할 수 있다. 그러나 공감은 구성원을 이끌기 위해 반드시 필요한 과정이며, 구체적인 언어와 행동으로 표현해야 상대방에게 전달된다. 구성원의 입장에서 리더가 자신을 인정하고 지지한다고 느끼게 만드는 것이 공감이다. 리더는 '공감책임자'이고, CEO는 '최고공감책임자(Chief Empathy Officer)'라고 할 수 있다. 더 높은 자리에 오를수록 나의 공감적 소통의 수준이 그에 걸맞는지 점검하고 향상해야 한다.

- [•] Schwartzberg, J. (2022, August 10). 4 Ways to Communicate with More Empathy. *Harvard Business Review*.
- [••] 이노우에 도모스케. (2023). 《속마음 들키지 않고 할 말 다 하는 심리 대화술》 (오시연 역). 밀리언서재.(Original work published 2022)

리더의
포커페이스

나 팀장은 감정이 표정에 그대로 드러나는 사람이다. 사적인 자리에서 이야기를 나누면 인간미가 넘친다는 이야기를 자주 듣는다. 하지만 회사에서는 상황이 다르다. 회의나 협상에서 불리하거나 억울한 상황에 처하면 자신도 모르게 얼굴이 붉어지고 말이 빨라진다. 팀원들과 소통할 때도 흥분이나 서운함이 그대로 나타난다. 그러다 보니 상사에게는 평정심이 부족하다는 지적을 받았고, 팀원들은 나 팀장이 자신들을 가볍게 여긴다는 생각이 든다.

회사에서 감정을 드러내면 손해를 볼 수도 있겠다는 생각이 들자 나 팀장은 감정을 숨기기 시작했다. 모든 감정을 억누르고 철저히 포커페이스를 유지했다. 팀원들이 다 함께 재미있는 이야기를 나눌 때도 나 팀장은 무표정했고, 업무가 힘들다는 팀원의 호소에도 공감하지 않았다. 그러자 팀원들은 나 팀장에게 점차 거리를 두었고, 친분이 있던 동료들마저 멀어지게 되었다.

나 팀장은 리더로서 포커페이스를 유지하는 것이 맞는지, 감정을 드러내며 소통하는 것이 좋은지 고민에 빠졌다.

포커페이스 언제, 어떻게 활용할까?

비즈니스에서는 초조함, 흥분 등의 감정을 쉽게 드러내면 손해를 보는 경우가 많다. 그렇다고 감정을 숨기면 다른 사람들의 호감과 신뢰를 얻기 어려우며 심지어 무능해 보일 수도 있다.

임원 전문 코치 멜로디 와일딩(Melody Wilding)[•]은 포커페이스가 언제 필요하고, 또 어떻게 감정을 다스릴 수 있는지에 대해 다음과 같이 조언한다.

1) 포커페이스가 필요한 순간 vs 필요하지 않은 순간

협상이나 회의를 주재하는 상황이라면 포커페이스를 유지하고 단호함을 보여주는 것이 적절할 수 있다. 반면에 친밀감을 쌓는 시간에 포커페이스를 보여준다면 상대방은 당신이 별 관심 없고 차가운 사람이라고 오해할 수 있다. 상황이나 집단의 문화에 따라 나의 스타일과 진심을 솔직하게 보여주는 것이 적절한지, 또는 방어적으로 접근하는 것이 나은지 판단해야 한다.

2) 보디랭귀지를 활용한 포커페이스

포커페이스를 활용하고자 한다면 표정이나 몸짓을 통해 감정이나 의도가 어떻게 나타나는지 주변 사람들을 관찰하며 내 행동 패턴과 비교해 보자. 거울이나 영상을 통해 스스로를 관찰하거나 믿을 만한 사람들에게 나의 표정이나 행동이 어떤지 의견을 들어본다.

딱딱하고 차가워 보인다는 소리를 듣는 것이 바람직한 포커페이스는 아니므로 대화를 할 때는 평온한 태도를 유지한다. 눈 주위 근육을 풀고 호흡을 내뱉으며 모든 긴장이 빠져나간다고 생각해 본다. 대화에서는 "흥미로운 의견이네요" "잘 이해가 안 돼서 그러는데요"와 같이 중립적인 표현을 사용하며 대화를 이어나간다.

3) 끓는 감정에는 찬물로 평정심을 찾아라

감정이 끓어오르고 신경이 예민해진다면 스스로를 통제할 필요가 있다. 예컨대 100부터 1까지 거꾸로 센다거나, 아름다운 바다나 숲처럼 평화롭고 고요한 상황을 떠올린다. 차가운 물을 마시거나 얼음을 입안에서 녹이며 평정심을 찾을 수도 있다.

Leadership Insight

협상과 같이 전략적인 선택이 요구되는 상황에서 불안한 감정을 포함해 나의 패를 한 번에 다 보여주면 불리하게 작용할 수 있으므로 비즈니스에서는 포커페이스도 필요하다. 미국의 컨설팅기업 헤이그룹이 29개국의 기업 리더 1만 3,000명을 대상으로 조사한 결과에 따르면, 자신의 감정과 장단점 등 자기인식 수준이 높은 리더의 92%는 자기인식 수준이 낮은 리더보다 최대 30%의 성과를 더 내는 것으로 나타났다. 반대로 자신의 감정을 통제하지 못하고 분노와 비난을 쏟는 리더는 구성원들을 방어적으로 만들어 그들의 성과와 업무 몰입을 떨어뜨린다. 이처럼 리더가 자신의 감정을 조절하는 것은 성과로도 이어진다. 리더는 화산처럼 끓어오르는 감정도 빠르게 냉각시키고, 때로는 원수와도 미소 지으며 악수할 수 있어야 한다.

뜨거운 감정은 곧바로 말과 행동으로 드러난다. 포커페이스를 유지하려면 우선 끓는 감정부터 다스릴 줄 알아야 한다. 본인에게 은연중에 나타나는 몸짓이나 언어 습관이 있다면 이를 미리 체크하고 관리해야 한다. 특히 흥분한 상태에서 하는 말이나 행동은 대부분 후회를 부른다. 지금까지 쌓아온 좋은 평판을 한순간에 허물어뜨리고, 팀원들과의 신뢰를 한순간에 깨뜨릴 수 있다.

감정을 식히는 방법으로 앞서 살펴본 숫자 세기, 평안한 이미지 상상, 명상 호흡 등이 있는데, 이 방법들의 공통점은 지금의 끓어오르는 감정에 꽂혀 있던 주의를 다른 곳으로 돌린다는 것이다. 심리치료사 스콧 스프라들린(Scott E. Spradlin)**은 "분노할 때 나타나는 자신의 감정을 있는 그대로 관찰하며 인식하고, 심호흡이나 몸에 힘 빼기 등으로 몸의 언어와 자세를 바꾸라."고 조언한다. 이때 즉각적인 감정을 다스리기 어렵다면 잠시 나가 바람이라도 쐬면서 평정심을 되찾고 난 후에 소통을 이어가는 것이 좋다.

리더는 자연스럽게 감정을 드러내며 소통하는 시간도 필요하다.

속을 전혀 알 수 없는 리더에게 자신의 이야기를 진솔하게 털어놓을 구성원은 거의 없다. 리더는 '공감의 책임자'이기도 하므로 구성원들의 이야기에서 드러나는 감정을 알아차리고 구체적인 말과 보디랭귀지로 공감을 표현한다. 감정을 정돈하고 대화를 나누다 보면 '솔직하고 인간미 있다'는 인상을 준다. 이처럼 구성원들과 가까워지기 위해서는 전략적으로 나의 감정과 진솔함을 드러내는 것도 필요하다.

리더십에서 감정은 중요한 소통의 수단이다. 포커페이스는 냉혈한이나 로봇이 되라는 뜻이 아니라 상황에 맞게 자신의 감정을 드러내거나 보디랭귀지를 조절하면서 효과적으로 소통하자는 의미다. 리더가 자신과 구성원의 감정을 이해하고 관리하고 활용할 수 있다면 조직의 분위기를 지혜롭게 이끌어갈 수 있다.

- Wilding, M. (2023, March 6). When - and How - to Keep a Poker Face at Work. *Harvard Business Review*.
- •• Spradlin, S. E. (2003). *Don't Let Your Emotions Run Your Life : How Dialectical Behavior Therapy Can Put You in Control*. ReadHowYouWant.

Harvard Business Review

뛰어난 리더의 필수 능력, 감성지능

최 팀장은 신입사원 때 동기들 사이에서 '천재'라는 소리를 들을 정도로 분석력과 아이디어가 뛰어났다. 그의 동기였던 서 팀장은 그에 비하면 많이 부족해 보였다. 그런데 리더가 된 이후, 서 팀장은 갈수록 탁월한 성과를 냈고 다면평가에서도 더 좋은 점수를 받으며 본부장 승진을 앞두고 있다. 우울해진 최 팀장은 그의 멘토인 이 상무에게 고민을 털어놓았다. 그러자 이 상무는 서 팀장의 비법이 무엇인지 귀띔해 주었다.

"서 팀장은 회사 내에서 탁월한 성과를 보이며 좋은 평가를 받고 있어요. 서 팀장은 '감성지능'이 돋보이는 리더라는 평이 많더군요. 단순히 팀원들에게 맞추고 따뜻하게 말하는 수준을 넘어, 자신과 타인의 감정을 이해하고 조절하는 능력 말이에요. 이것은 충분히 훈련으로 키울 수 있는 능력이기도 합니다."

탁월한 성취를 만드는 감성지능의 요인들

미국의 심리학자 데이비드 맥클러랜드 (David McClelland)의 연구에 따르면 리더가 일정 수준 이상의 감성지능을 갖춘 팀은 연간 목표수익이 20% 이상 증가한 반면, 감성지능이 그에 이르지 못한 리더는 거의 비슷한 비율로 저조한 성과를 기록한 것으로 나타났다. 또 사회심리학자 대니얼 골먼(Daniel Goleman)˙의 연구에서는 탁월한 성취를 나타낸 리더는 감성지능이 일반 지능(IQ)이나 기술력보다 두 배 더 뛰어난 것으로 나타났다. 특히 지위가 높을수록 감성지능이 성과를 좌우하는 것으로 확인되었다. 대니얼 골먼은 조직에서 탁월한 성취를 만드는 감성지능의 5가지 요소를 제시했다.

1) 자기인식(Self-Awareness)

자신의 감정, 강점과 약점, 니즈와 욕구를 제대로 이해하는 것이다. 자기인식이 높으면 스스로를 현실적으로 평가하고, 자기감정과 그것이 일에 미치는 영향을 솔직하고 편안하게 인정한다. 반면 자기인식이 낮으면 개선에 대한 메시지를 위협이나 실패로 해석한다.

2) 자기통제(Self-Regulation)

우울하거나 감정적인 충동을 느끼는 상황이 발생했을 때 감성지능이 있다면 이를 통제하고 유용하게 전환할 수 있다. 예컨대 중요한 자리에서 팀원이 발표를 제대로 하지 못했다면 리더는 감정적인 충동이 일 것이다. 하지만 자기통제 능력이 뛰어난 리더는 부실한 발표의 원인을 검토한 뒤 차분하고 신중한 태도로 팀원들에게 자신의 감정을 이야기하고 해결책을 제시한다.

3) 성취동기(Motivation)

많은 사람들이 연봉이나 지위와 같은 외적 요인에 따라 움직인다면, 탁월한 리더는 목표 성취 자체를 위한 내적 욕구에 따라 움직인다. 성취동기가 있는 리더는 현재 상태에 머무르지 않고 일 자체에 대한 열정으로 도전과 배움을 추구한다. 또 결과가 좋지 않을 때에도 자기통제와 성취동기를 결합해 우울감을 극복한다.

4) 공감(Empathy)

리더의 공감은 단순히 타인의 감정을 받아들여 상대를 기쁘게 해주는 것이 아니라, 의사결정 과정에서 구성원의 감정을 함께 고려하는 것이다. 리더가 구성원들이 현재 느끼고 있는 불안이나 두려움을 알아차리고 말과 행동으로 공감하고 있음을 보여준다면, 그들은 리더의 곁에 머물고 싶어진다.

5) 사회성(Social Skill)

감성지능에서 말하는 사회성은 단순한 친절을 의미하지 않는다. 리더가 원하는 방향으로 구성원을 움직이기 위한 목적이 있는 친절이라고 할 수 있다. 사회성이 뛰어난 리더는 중요한 일을 혼자 해낼 수 없음을 알기에 주위에 협력할 수 있는 사람들을 많이 두고, 누구와도 원활하게 교감한다. 리더는 타인을 통해 일을 수행하므로 사회성을 갖추는 것이 중요하다.

(Leadership Insight)

당신은 구성원들에게 감성리더로 인정받고 있는가? 감성지능의 5가지 요소를 최 팀장의 사례에 적용해 보자. 자기인식, 자기통제, 성취동기가 자기 자신의 관리에 대한 것이라면, 공감과 사회성은 타인과의 관계에 대한 부분이다.

최 팀장은 자신의 감정과 상태를 먼저 들여다보는 것이 감성지능의 출발점이라는 사실을 깨달았다. 문득 자신이 평소에는 초조해하고 걱정하는 모습을 보이다가, 회의에서는 공격적으로 말하고 면담에서는 무엇이든 들어주겠다고 말하던 모습이 팀원들에게는 감정의 널뛰기로 보였을 수 있다는 생각이 들었다. 최 팀장은 지나치게 비판적이거나 낙관적이었던 자신의 모습을 반성하게 되었다. 앞으로는 이러한 감정을 인지하고 충동적으로 보이지 않도록 잘 조절하는 동시에 팀원들에게 '이런 상황으로 인해 어렵고 힘들었겠다'고 인정하는 모습을 보여주기로 마음먹었다.

또 팀원들의 이야기를 들을 때는 의견을 수용할지 판단하기 전에 그들의 감정에 주의를 기울이고 신경 써야겠다는 생각이 들었다. 논리적이고 분석적인 판단 못지않게 공감을 바탕으로 업무를 진행하는 것도 놓치지 말아야겠다고 결심했다.

리더에게는 다양한 지식과 능력이 필요하지만, 특히 감성지능이 부족하면 결코 탁월한 리더가 될 수 없다. 구성원들은 자신들의 감정을 이해하고 지지해 주는 리더를 원한다. 따라서 감성지능을 갖춘 리더는 구성원들의 협조와 지원을 얻으며 성과를 이뤄갈 수 있다. 리더는 집단의 감정을 이끌고 가는 존재임을 잊지 말자.

•   Goleman, D. (2004, January). What Makes a Leader?. *Harvard Business Review*.

Harvard Business Review

소통의 어려움,
세대 차이 때문일까?

오 팀장의 팀에는 20대부터 40대까지 다양한 연령대의 팀원들이 있다. 그래서인지 1대1 면담에서는 서로에 대한 불만이 쏟아져 나온다.

김 책임 : 유 사원을 더는 두고 볼 수가 없네요. 출근하면 인사도 제대로 안 하고요. 업무지시를 하면 '제가요? 이걸요? 왜요?'라지 않나, 회식도 자주 빠지고, 팀원들 상황은 전혀 신경 쓰지 않고 눈치 없이 휴가를 쓰고, 정말 밉상이에요.

유 사원 : 김 책임님은 자신의 실수를 인정하는 법이 절대 없으시고요, 당연한 듯 업무도 저에게 떠넘기세요. 왜 그렇게 제 사생활에 관심이 많으신지 '패션이 왜 그러냐' '연애는 안 하냐'며 참견합니다. 회식에서는 계속 술을 권하시고, 다음 날 몸이 안 좋아서 반차를 내려고 하면 'MZ는 다르구나. 나 때는 안 그랬는데'라고 빈정거리세요. 김 책임님 때문에 너무 힘들어요.

오 팀장은 차라리 윗사람을 모시는 게 더 쉽다는 생각이 들었다. 갈수록 여러 세대 팀원들을 관리하는 것이 더욱 어렵게만 느껴진다.

세대에 대한 선입견을 깨고 소통하는 방법

여러 세대가 섞여 있는 조직에서는 세대에 대한 고정관념을 갖기 쉽다. X세대는 무관심하고 냉소적이고, Y세대(또는 밀레니얼세대)는 뻔뻔하며, Z세대는 자기만 알고 일에 대한 열정이 없다는 식이다. 이처럼 세대에 대한 고정관념으로 선입견을 가지게 되면, 이로 인해 갈등이 일어날 수 있다.

직장 내 역학관계 전문가 에이미 갤로(Amy Gallo)˙는 조직 내 협업에 활용하고자 동료들과 함께 가이드 문서를 작성했다. 여기에는 구성원들의 근무시간, 식사 성향, 효율성을 중시하는 정도까지 기록되어 있어 동료들과 소통하고 피드백을 제공하는 데 유용한 자료가 되었다. 에이미 갤로가 제시하는 사용자 가이드를 통해 세대에 대한 선입견을 타파하고 관계를 개선하는 방법을 알아보자.

1) 한 걸음 물러서서 다른 각도의 질문 던져보기

- 내 해석이 틀릴 가능성도 있지 않은가?
- 현재의 상황에 대해 내가 가정하고 있는 것은 무엇인가?
- 동료와 나 사이에 문제가 생겼을 때 나는 어떤 원인을 제공했는가?
- 나이나 세대를 제외하고 동료의 행동을 설명할 수 있는 다른

요인은 없는가?(가장 중요한 질문)

2) 차이점 인정하기

관점의 차이로 인한 긴장감을 받아들이면 충돌의 상황을 객관화하는 데 도움이 된다. 예컨대 혁신과 현상 유지, 진보와 전통, 가치와 돈 등에 대해 사람들이 저마다 다르게 볼 수 있다는 사실을 인정하는 것이다. 특히 관점의 차이는 공동업무를 수행하는 과정에서 적절한 균형을 찾는 데 도움이 된다.

3) 편견에 이의 제기하고 문제 다루기

짜증을 유발하는 동료의 행동을 세대 차이로 돌리지 말자. 세대 차이로 접근하면 사람들은 즉시 방어 태세를 취할 수 있다. 세대 탓을 하지 말고, 개인 성향에 따른 문제로 다루자.

4) 유사성에 주목하고 공동의 목표에 집중하기

타인과 나의 차이점이 아닌 유사점에 주목하자. 젊은 동료라면 일을 시작하는 기분이 어떤지, 그리고 어떤 도전이 기대되는지 묻는다. 연배가 있는 동료라면 업계에서 처음 일했을 때의 기분이나 조직에서 어려움을 극복한 일에 대해 질문한다. 또한 새로운 관점과 조언을 요청할 수도 있다. 공동의 목표에 집중하면서 협업할 수 있는 방법을 찾아보는 것이다.

1995년 이후에 태어난 Z세대는 디지털 기술과 다양성에 익숙한 환경에서 자랐다. 위계질서를 거부하고 권위적인 리더보다 팀을 돕는 리더를 선호하며, 개인의 가치를 우선시하고 진정성과 일의 의미, 소소한 일상의 행복을 중요하게 여기는 경향이 있다.**

특히 1980년대 초반에서 1990년대 중반에 태어난 밀레니얼세대(Y세대)와 1990년 중후반에서 2010년대 초반에 태어난 Z세대를 묶어 지칭하는 'MZ세대'라는 용어는 유독 우리나라에서만 널리 사용되고 있다. 그런데 신입사원부터 중간관리자까지 20년이 넘는 구간의 사람들을 MZ라는 하나의 그룹으로 묶는 것은 세대를 이해하는 데 적절하지 않은 것 같다. 게다가 '요즘 애들은 MZ, 관리자는 꼰대'라고 편을 갈라버리는 것은 조직 내 편견과 갈등을 해결하는 데 전혀 도움이 되지 않는다.

세대 연구 전문가인 영국 킹스칼리지런던 공공정책학 교수 바비 더피(Bobby Duffy)는 "직장에서 세대 간의 차이를 증명할 뚜렷한 증거는 없다. 겉으로 나타나는 차이는 세대별 특성이 아니라 인생의 어느 시점에 있느냐에서 비롯된다."고 말했다. 지금의 리더도 신입사원이었을 때는 그렇게 행동하는 것으로 보였을 수 있다. 그들과 같은 환경과 상황이라면 비슷하게 행동했을 수 있다는 것이다.

리더는 세대에 대한 편견에 묶여 잘못된 가정을 하기보다, 구성원들의 상황과 배경을 심도 깊게 이해하기 위해 노력할 필요가 있다. 예컨대 업무에 집중하지 못하는 사원이라면 단순히 'MZ세대' 라서 책임감이 없는 것이 아니라, 집안 문제나 경제적 어려움 또는 커리어에 대한 혼란 때문일 수 있다. 업무지시에 꼬박꼬박 말대답 한다면 'MZ세대'라서 그런 것이 아니라, 기존의 방식에 불만이 있 거나 업무를 더 효율적으로 하고 싶은 욕구가 있기 때문일 수 있다. 물론 이해는 상호적인 것이므로 신입사원도 다른 구성원들의 환경 과 상황을 이해할 수 있도록 리더는 편견에 맞서는 안목을 제시할 필요가 있다.

이처럼 세대별 특징을 참고할 수는 있으나, 리더가 진정으로 알 아야 할 것은 구성원 개개인의 환경과 상황이다. 소통의 어려움을 세대 차이로 퉁치는 것은 서술형 답지에 'MZ세대'라고 적어버리 는 것과 같다. 이러한 방식은 구성원에 따라 개별화된 리더십을 요 구하는 지금의 시대에 갈등을 악화시키는 잘못된 처방전이 될 수 있음을 주의하자.

리더가 세대 차이라는 편견에 맞서고 구성원 개개인의 상황과 배경을 이해하려고 노력할 때, 'MZ세대'라는 선입견이 사라지고 비로소 한 사람 한 사람이 객관적으로 보이기 시작할 것이다.

• Gallo, A. (2022, March 8). Is That Conflict with Your Colleague Really About Age Difference? Assuming it is might make it worse. *Harvard Business Review*.

•• Katz, R., Ogilvie, S., Shaw, J., & Woodhead, L. (2021). *Gen Z, Explained : The Art of Living in a Digital Age*. University of Chicago Press.

2장

피드백

: 구성원을 성장시키는 묘약 :

Harvard Business Review

이 시대에 필요한 '코치형' 리더

박 팀장은 최근 권 대리 때문에 고민이 많다. 권 대리는 매사에 자신감과 의지가 낮아 보였고, 업무 처리에도 부족함이 많았다. 박 팀장은 리더로서 권 대리의 성과 향상을 위해 부족한 부분을 구체적으로 짚어주고 방향을 제시해 주었다.

"권 대리, 이번에 거래처와 상담에서 키맨(keyman)의 요구를 일부 놓친 것 같군요. 당장의 판매에만 초점을 맞추지 말고 거래처의 구매 과정을 잘 살펴야 한다고 여러 번 이야기하지 않았나요? 내 말대로 잘 좀 따라오세요. 그리고 권 대리가 제안한 프로모션도 내 경험으로 보기에 어려울 것 같아요."

박 팀장은 필요한 부분을 짚어주고 알려주면 권 대리가 빠르게 성장할 것이라고 생각했다. 하지만 권 대리는 오히려 수동적으로 반응했다. 리더의 피드백을 잘 수용하면 좋은 결과가 있을 텐데 동기부여는 커녕 매사에 의욕이 없었다. 박 팀장은 리더로서 고민이 많아졌다. 어떻게 해야 권 대리의 열정을 살릴 수 있을까?

코칭의 4가지 스타일

과거에는 리더가 구성원들을 지휘하고 통제하며 가르쳤지만, 파괴적인 변화가 빠르게 일어나는 지금은 리더가 모든 일에 대한 정답을 제시하며 이끌기가 불가능하다. 따라서 성과를 극대화하고 구성원이 잠재력을 발휘하게 하려면 답보다 질문을, 평가보다 도움을, 지시보다 발전할 수 있도록 도와주는 코치의 역할이 필요하다.

리더는 구성원 각자에 맞춰 코칭할 수 있어야 한다. 런던경영대학원 조직행동학 교수 허미니아 아이바라(Herminia Ibarra)와 메일러캠벨의 공동창업자 앤 스콜라(Anne Scoular)*는 코칭 스타일을 2×2 방식으로 제시했다. 한 축은 코치가 코칭받는 사람에게 주는 정보 및 조언과 전문지식이고, 다른 한 축은 코칭받는 사람의 통찰력과 해결책을 끌어내는 동기부여 에너지이다.

1) 지시적 코칭

멘토링과 비슷한 지시적 코칭은 리더가 축적된 지식을 전달하고, 구성원은 여러 가지 지식을 배우며 따라가는 방식이다. 노하우를 전수하는 장점은 있지만, 주로 리더의 설명을 듣는 방식이므로 코칭받는 사람의 에너지와 동기부여 수준이 약화될 가능성이 있

코칭 스타일*

	적은 에너지 견인	많은 에너지 견인
많은 정보 입력	❶ 지시적	❹ 상황적
적은 정보 입력	❷ 자유방임적	❸ 비지시적

다. 이 방식은 구성원이 모르는 것을 리더는 알고 있다는 전제하에 이루어진다. 하지만 이것은 복잡하고 변화무쌍한 환경에서 위험한 가정일 수 있으며, 기존에 해오던 방식을 계속 이어가는 것이므로 조직의 능률을 끌어올리기는 힘들다.

2) 자유방임적 코칭

구성원이 알아서 일하도록 맡겨두는 방식으로, 일을 생산적으로 잘하는 구성원에게 적절하다. 항상 코칭이 정답인 것은 아니다. 스스로 잘하고 있다면 자유방임이 올바른 관리일 수 있다.

3) 비지시적 코칭

리더가 미리 판단하기보다 듣고 질문하면서 구성원의 통찰력과 창의력을 끌어내며 활력과 에너지를 주는 방식이다. 코칭받는 사람이 문제를 스스로 해결하고 대처할 수 있도록 돕는다.

4) 상황적 코칭

필요에 따라 지시적 코칭과 비지시적 코칭의 균형을 유지하는
것이다. 이 프레임워크의 가장 효과적인 지점(sweet spot)이다. 리더
는 비지시적 코칭이 제2의 천성이 되도록 많은 연습을 해야 하며,
이후에는 도움을 주는 지시적 고칭을 버무러서 균형을 이룬다.

──(Leadership Insight)────────────────────────────────●

박 팀장은 비지시적 코칭의 기술을 익히고 훈련할 필요가 있다.
마음에 차지 않는 팀원의 일 처리를 보면서, 머리에서는 항상 '왜
일을 저렇게 하지?'와 같은 훈계를 쏟고 싶을 것이다. 그러나 관성
적으로 그와 같이 반응한다면 팀원의 성장과 몰입을 모두 놓치게
된다. 판단과 충고를 멈추고 팀원의 이야기를 들으며 질문해 보자.

이 경우 세계적으로 영향력 있는 비즈니스 코치 존 휘트모어
(John Whitmore)**가 고안한 'GROW 모델'을 활용해 볼 수 있다.
먼저 박 팀장은 권 대리에게 필요한 도움과 이루고자 하는 목표가
무엇인지 확인한다(Goal). 다음으로 질문을 통해 현재의 상황을 살
펴보고 마주한 어려움을 파악한다(Reality). 권 대리의 답변과 반응
에 주시하면서 그가 놓친 부분이나 생각해 봐야 할 포인트를 제시
하여 선택지와 시각을 넓히고 방향을 찾도록 돕는다(Option). 그
리고 권 대리가 무엇을 할지, 행동 의지가 어느 정도인지를 묻는다
(Will).

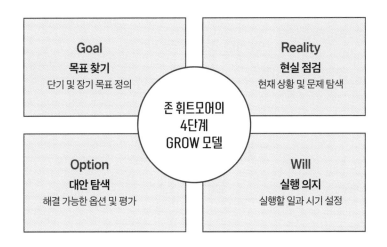

Goal 목표 찾기 단기 및 장기 목표 정의	**Reality** 현실 점검 현재 상황 및 문제 탐색
Option 대안 탐색 해결 가능한 옵션 및 평가	**Will** 실행 의지 실행할 일과 시기 설정

존 휘트모어의
4단계
GROW 모델

리더는 구성원의 상황과 특성에 따라 어떤 코칭 방식을 취할지 판단해야 한다. 상황적 코칭을 추구하는 것이 좋지만, 구성원 스스로 일을 잘하고 있다면 잦은 코칭을 하기보다 자유방임이 적절할 수도 있다. 배우고 따르고자 하는 의지가 강한 구성원에게는 지시적 코칭의 비중을 조금 더 높일 수 있다. 이처럼 리더는 구성원에 따라 맞춤형 코칭으로 접근해야 한다.

GE의 전 회장 잭 웰치(Jack Welch)는 "리더가 되기 전의 성공은 자신을 성장시키는 것이고, 리더가 된 후의 성공은 다른 사람들을 성장시키는 것"이라고 말했다. 구성원의 잠재력을 끌어내는 코칭형 리더가 필요한 시대이다.

• Ibarra, H., & Scoular, A. (2019, November-December). The Leader as Coach. *Harvard Business Review*.
•• Whitmore, J. (2017). *Coaching for Performance* (25th anniversary ed.). Nicholas Brealey Publishing.

Harvard Business Review

질문의 수준
높이기

코치로서의 리더가 되기 위해서는 질문을 잘 활용하는 것이 중요하다. 박 팀장은 자신이 평소에 질문을 잘하는 편이라고 여겼기 때문에 이 부분에서는 자신감이 있었다.

박 팀장 : 권 대리, 이번에 거래처와 협상이 계획대로 되지 않았는데, 왜 그렇다고 생각하나요?
권 대리 : 죄, 죄송합니다, 팀장님!
박 팀장 : 아니, 죄송하다는 얘기를 들으려는 게 아니라, 왜 계획대로 안 되었냐고 묻잖아요. 내가 키맨을 먼저 우리 편으로 만들어야 한다고 했지요? 거래처의 구매 과정은 확인했나요? 이런 부분을 놓친 것 아닌가요? 제가 말한 방향이 맞지 않나요?
권 대리 : 아… 네, 그런 것 같습니다. 죄송합니다.

박 팀장은 나름대로 질문을 위주로 대화한다고 했지만 권 대리의 표정은 갈수록 어두워졌다. 박 팀장은 자신의 질문이 뭔가 잘못되었음을 직감했다.

신(新) 소크라테스식 문답법

AI 기반 스타트업 공(Gong.io)이 50만 개 기업 영업사원의 통화 및 제안 내용을 분석한 결과, 가장 높은 실적의 영업사원은 남다른 질문을 활용하는 것으로 나타났다. 질문의 수와 대화율(다음 미팅 확정 및 거래 성사율) 사이에는 큰 상관관계가 있었는데, 질문이 11~14개일 때 가장 효과적이었고, 질문이 14개를 넘어가자 대화율이 떨어졌다. 특히 최고의 영업사원은 판촉 전화를 할 때 중간중간 나눠서 질문한 반면, 저성과 사원은 통화하자마자 질문을 몰아서 취조하는 느낌을 주었다. 이처럼 질문을 많이 한다고 대화의 수준이 높아지는 것은 아니며, 대화 형태, 톤, 순서, 프레임 등이 중요하다.

하버드경영대학원 교수 앨리슨 브룩스(Alison Wood Brooks)와 레슬리 존(Leslie K. John)*이 제시한 신(新) 소크라테스식 문답법을 참고하여 리더의 질문을 다듬어보자.

1) 목적에 따라 달라지는 질문

① 협조적인 논의일 경우(친분을 쌓거나 함께 완수할 일이 있을 때) : 친한 동료와는 갈등이나 나쁜 소식에 대한 논의를 피하고 싶을 것이다. 이러한 상황을 타개하기 위해 '일부러 반대 의견을 낸다면 뭐라고 할

거야?'와 같은 열린 질문을 통해 난감한 사안도 협조적으로 논의할 수 있다. 덜 민감한 질문을 먼저 하고 분위기가 무르익은 뒤에 서서히 질문의 수위를 높이는 것이다.

② 경쟁을 전제로 한 대화일 경우(상대에게 민감한 정보를 얻거나 이익과 관련이 있을 때) : 상대가 정보 공유를 망설이거나 거짓을 말하는 상황을 막고 싶다면 '예/아니요'로 답할 수 있는 질문을 먼저 한 뒤에 후속 질문으로 정보를 캐낸다. 예를 들어 '실적 부진의 요소가 상당히 많네?'와 같이 가장 난감한 질문을 먼저 하면, 뒤따른 질문이 덜 공격적이라고 느껴져 솔직한 답변을 끌어낼 수 있다.

2) 후속 질문

후속 질문을 받으면 질문자가 자신에 대해 더 많이 알고 싶어 하고 자신을 존중하고 있다는 느낌을 받는다.

3) 열린 질문 vs 닫힌 질문

심문받는 듯한 질문을 좋아하는 사람은 없다. '예/아니요'로 답하는 식의 궁지로 모는 질문보다 열린 질문을 활용하면 정보 획득이나 학습에 유용하다. 또한 '답변을 바꿀 수 있다'는 식으로 빠져나갈 구멍을 마련해 주면 사람들은 더 솔직하게 속내를 드러낸다. 다만, 자신의 의중을 숨기려고 의도적으로 정보를 생략하는 사람에게는 '머잖아 이런 조치를 하셔야겠네요?'와 같은 닫힌 질문이 더 효과적일 수 있다.

4) 질문의 순서

긴장된 분위기에서는 '타인에게 끔찍한 일을 저지르는 상상을 해본 적 있나요?'처럼 난감한 질문을 먼저 하고, '아프지 않은데 회사에 병가를 낸 적이 있나요?'처럼 상대적으로 덜 공격적인 질문을 이어서 했을 때 더 솔직하게 답하는 경향이 있다. 반대로 친분을 쌓기 위해서라면 덜 민감한 질문으로 시작해 강도를 높이는 것이 효과적이다.

앞의 질문은 이후의 질문에도 영향을 준다. 예컨대 '삶에 얼마나 만족하는지'를 묻고 '결혼생활에 만족하는지'를 물으면 답변 간의 상관관계가 높다. 반대로 묻는 경우에는 답변 간의 상관관계가 낮다.

그룹 대화에서는 질문에 솔직하게 답하지 않는 사람이 몇 명만 있어도 정보를 얻기 어려운 반면, 한 명이 마음을 열면 모두 여는 경향이 있다.

마이크로소프트 CEO 사티아 나델라(Satya Nadella)는 코칭 문화로의 전환을 통해 실적을 개선했다. 그의 리더십 멤버인 장 필립 쿠르투와(Jean-Philippe Courtois)는 구성원에게 꼬치꼬치 캐물으며 사람들을 공포에 몰아넣는 송곳 질문을 버리고 코칭에 기반하여 접근하기를 장려했다. 예를 들면 "무엇을 하려고 합니까?" "잘되는 것은 무엇인가요?" "잘 안 되는 것은 무엇인가요?" "제가 어떻게 도울 수 있을까요?"와 같은 질문을 활용하는 것이다.**

박 팀장의 질문은 협조가 아닌 경쟁과 질책의 의도가 강해 코칭에 적합하지 않다. '왜'라는 질문은 질책으로 느껴져 상대방이 방어적으로 대응할 수 있다. 문제해결을 위해서는 3 Why, 5 Why 등 '왜'라는 질문을 활용할 수 있지만, 공격적으로 느껴지는 상황에서는 신중해야 한다. 또한 '권 대리도 내가 말한 방향이 괜찮다고 생각하지 않나요?'처럼 유도성 질문은 물음표만 붙인 지시와 같다.

자신감이 없고 소극적인 권 대리에게는 난감한 질문을 던져 궁지에 몰아넣기보다 "권 대리, 이번에 협상하느라 고생 많았어요"와 같이 덜 민감한 대화부터 시작하여 심리적인 안전감을 줄 필요가 있다. 권 대리의 부담을 줄여주기 위해서는 "오늘 어떤 점이 잘되었고, 어떤 부분이 어려웠나요?"와 같이 열린 질문을 하는 것이 좋다.

난감한 질문을 던져야 할 때는 "권 대리, 이전과 다른 방식으로 협상해 본다면 어떻게 해볼 수 있을까요?"와 같이 부정적인 추측에 대한 질문을 던져보자.

이처럼 박 팀장의 질문에서 질책이 느껴지지 않으면 권 대리는 자신의 생각을 편하게 말할 것이다. 이때 박 팀장이 후속 질문을 하면 권 대리는 더 나은 업무 처리를 위한 방향을 스스로 고민하고 말하기 쉬워진다.

조직심리학의 대가 에드거 샤인(Edgar H. Schein)과 피터 샤인(Peter A. Schein)***은 "최고의 리더십은 겸손한 질문에서 나온다."

고 말한다. 여기서 '겸손한 질문'은 단언하려는 충동을 억제하고, 먼저 상대방의 취지를 귀담아듣고 이해하고 인정한 뒤 상황을 파악하는 것으로, 신뢰를 쌓는 것이 그 목적이다. 질문의 내용도 중요하지만 '구성원을 배려하는 태도'도 놓치지 말아야 한다. 리더가 지혜롭게 질문하면 구성원의 학습과 성장에 불이 붙기 시작할 것이다.

•   Brooks, A. W., & John, L. K. (2018, May-June). The Surprising Power of Questions. *Harvard Business Review*.

••   Ibarra, H., & Scoular, A. (2019, November-December). The Leader as Coach. *Harvard Business Review*.

•••   Schein, E. H., & Schein, P. A. (2021). *Humble inquiry : The gentle art of asking instead of telling*. Berrett-Koehler Publishers.

Harvard Business Review

부정적 피드백을
전달하는 방법

박 팀장은 동기 팀장들과 오랜만에 한잔하며 회포를 풀고 있다. 그러던 중 팀원들에게 피드백을 하는 방식을 두고 동기들 간에 치열한 토론이 벌어졌다.

서 팀장 : 요즘 팀원들에게 '이런 점을 고치라'고 얘기하면 다 회사 때려치우고 나가버려. 봐도 못 본 척 적당히 눈감고 넘어가는 게 상책이야.
최 팀장 : 무슨 소리야? 아닌 건 아닌 거고 잘못한 건 따끔하게 짚어줘야지. 그냥 내버려 두면 나중에 감당 못 할 정도로 일이 커져.
주 팀장 : 나도 솔직하게 피드백을 주는 게 맞다고 봐. 서로 비판도 하고 직설적인 피드백도 나누는 솔직한 문화가 좋은 거잖아.
양 팀장 : 그건 외국 문화 아냐? 우리나라에서 직설적으로 피드백을 주면 자기를 싫어한다고 오해해서 앙금이 쌓일 수 있어.

박 팀장은 누구의 말이 맞는지 갈피를 잡을 수 없어 혼란스러웠다.

구성원의 성장을 돕는 피드백 방법

컨설팅기업 젠거포크먼의 조사에 따르면 2,700명의 응답자 중 94%는 '잘못을 바로잡는 피드백을 제대로 받았을 때 성과가 향상되었다'고 응답했다. 3분의 2는 '피드백을 더 많이 받으면 성과와 커리어에서 성공 가능성이 높아질 것'이라는 데 동의했다. 그러나 직접적으로 말하는 것이 익숙하지 않은 분위기라면 솔직한 피드백이 부담스럽게 여겨질 수도 있다.

피드백은 업무 개선을 돕기 위한 목적으로 이루어진다. 그러나 리처드 보이애치스(Richard Boyatzis) 연구팀이 360도 다면평가에 대해 살펴본 결과, 잘못된 부분을 짚어주는 부정적 피드백은 구성원의 몰입을 떨어뜨리며, 구성원이 미래의 목표를 탐색하는 작업을 가로막는 것으로 나타났다. 즉, 구성원이 목표에 이르지 못하는 것을 짚어주는 것과 그 사람이 실제로 목표를 달성하도록 돕는 것은 다른 영역이라는 것이다.

컨설팅기업 브레그먼파트너스의 CEO 피터 브레그먼(Peter Bregman)과 코칭 디렉터 호위 제이콥슨(Howie Jacobson)은 구성원의 성장을 돕는 피드백 방식으로 다음의 4단계를 제시했다. 이 방식을 통해 은행을 컨설팅했는데, 리더가 대화 톤과 초점을 바꿨을 때 업무평가 완성률이 50%에서 95%까지 상승했다고 한다.

1단계) 비판자에서 협력자로

비판자가 아닌 협력자로 보여야 상대방은 방어적인 자세를 거두고 자신에게 집중할 수 있다. 리더는 구성원이 겪는 어려움, 좌절, 짜증 등에 먼저 공감해 주고, 구성원이 그것을 극복할 수 있다고 말해 주자. 그리고 상황에 대해 함께 생각해 보자고 말한다.

"정말 답답하겠어요. 하지만 이 문제를 잘 극복할 수 있을 거예요. 이 문제에 대해 같이 생각해 볼까요?"

2단계) 상대가 구현하고자 하는 미래와 동력에 집중

문제 상황에 대해 바로 해답을 이야기하고 싶겠지만, 문제보다 상대가 추구하고 달성하고자 하는 방향에 대해 먼저 묻는다. 그리고 다음과 같은 질문을 통해 상대방이 명확하고 긍정적이고 유의미한 결과에 이를 수 있도록 돕는다.

"어떤 결과를 얻으려고 하나요?"

"이 일을 통해 이루고자 하는 목표가 무엇인가요?"

3단계) 숨은 가능성을 발견

문제를 해결하려고 하는 대신 상대가 원하는 목표를 달성하는 데 당면한 문제가 어떤 도움이 되는지, 더 근본적으로 해결할 가능성은 없는지 살펴본다. 예를 들어 팀을 분열시키는 것처럼 보였던 팀원은 사실 짚고 넘어가야 할 문제를 공론화하는 역할을 한 것일 수 있다.

4단계) 만점의 계획 마련

팀의 가능성을 실현할 수 있는 아이디어를 브레인스토밍하고 행동 계획을 선택한다. 팀원이 팀에 긍정적으로 공헌하도록 돕는 것이 목적이며, 이때 계획을 성공시키는 것 자체보다 팀원이 실행하고 평가하며 성장하는 데 리더가 함께하는지가 중요하다.

(Leadership Insight)────────────────────●

박 팀장의 동기들이 가지고 있었던 몇 가지 고민을 살펴보자. 먼저 '요즘 입사한 직원들에게 피드백을 주기가 두렵다'는 리더들이 적지 않다. 그러나 Z세대는 진정성과 피드백을 중요하게 여기는 경향이 있다. 다만 리더를 특별히 잘난 사람이라기보다 구성원을 돕는 의지가 강한 사람으로 여기므로*** 피드백을 전하는 방식을 다듬을 필요가 있는 것이지, 피드백 자체를 중단해서는 안 된다. 오히려 피드백이 없으면 리더가 자신에게 관심이 없다고 느낄 수 있으므로 인정에 대한 피드백과 발전을 위한 피드백을 나누어 진행해야 한다.

다음으로 '솔직한 피드백을 추구해야 하는가'에 대한 논의이다. 직설적인 피드백이 필요한가 아니면 그것이 위험한가에 대해 컨설팅기업 캔더의 CEO 킴 스콧(Kim Scott)****은 불가능한 성과를 올리기 위해 '극단적 솔직함'을 강조한다. 개인적 관심 없이 잘못만을 지적하여 상대를 불쾌하게 하는 '불쾌한 공격', 반대로 개인적 관

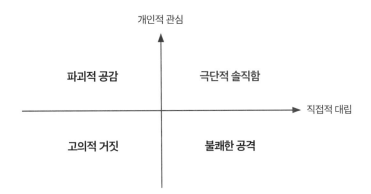

극단적 솔직함 프레임워크

개인적 관심

파괴적 공감　　　　　극단적 솔직함

　　　　　　　　　　　　　　　　직접적 대립

고의적 거짓　　　　　불쾌한 공격

심에만 중점을 두어 상대에게 필요한 것을 말하지 않는 '파괴적 공감', 배려도 구체적 피드백도 없는 '고의적 거짓' 모두 위험할 수 있다는 것이다.

　리더가 먼저 자신이 생각한 단점과 약점을 이야기해서 분위기를 이끌고, 개인적 관심에 기반해 피드백을 제공해야 한다. 구성원에 대한 진심 어린 관심을 일상적으로 보여주고 팩트에 기반해서 정확하고 솔직하게 피드백을 하면 구성원이 잘 받아들이고 한 단계 더 성장할 수 있는 계기가 된다.

　결국 '직설적이고 부정적인 피드백이 필요한가, 아닌가'의 문제라기보다 신뢰와 존중, 성장에 기반한 피드백인지가 더 근본적인 부분이다. 구성원의 성장을 돕는 4단계도 '개인적 관심'과 '호의'를 표현하면서 접근하는 방식이다. 이처럼 믿음과 관계에 기초한 피드백이라면 구성원들이 존중하며 받아들일 수 있다. 하지만 이러한 피드백의 문화를 구성원이 주도하여 만들어가는 것은 불가능하다. 그렇게 할 수 있는 것은 오직 리더의 몫이다.

- Meyer, E. (2023, September-October). When Diversity Meets Feedback. *Harvard Business Review*.
- Bregman, P., & Jacobson, H. (2021, December 10). Feedback Isn't Enough to Help Your Employees Grow. *Harvard Business Review*.
- Buffy, B. (2021). *Generations : Does When You're Born Shape Who You Are?*. Atlantic Books.
- Scott, K. (2017). *Radical Candor*. St. Martin's Press.

HBR
LEADERSHIP
INSIGHT

Chapter 3

성과관리

performance
management

1장

업무 성과

: 성과를 내는 리더의 핵심 비결 :

performance
management

업무 성과를 위한
리더의 완급 조절

이 팀장은 팀장으로 승진하고 나서 해야 할 일도, 챙겨야 할 일도 늘어났다. 오늘도 회사에 가는 발걸음이 무겁다.

A 프로젝트는 상무님과 팀원들의 업무 속도를 중간에서 조율해야 한다. 상무님은 "왜 이렇게 진도가 늦느냐? 지시했으면 곧바로 실행하라!"면서 빨리 성과를 내라고 공개적으로 질타한다. 팀원들은 내 눈치만 보고 있다. 요즘처럼 내가 무능력하게 느껴진 적이 없다.

B 프로젝트는 당장은 아니지만, 회사의 미래 비전과 업무 혁신을 위한 아이디어를 제출하고 파일럿 테스트를 하는 PI(Process Innovation) 활동도 무시할 수 없다. 상무님은 PI 활동도 다른 부서와 비교되니 꼼꼼하게 신경 쓰라고 한다. 덧붙여서 팀워크도 높일 수 있도록 구체적인 역할을 하라고 닦달한다.

팀장이 되면서 업무 성과를 올리기 위한 리더십의 필요성이 절실하다. 새로운 프로젝트는 계속 늘어나는데, 어떻게 풀어가야 할지 고민이다.

리더십은 '밀고 당기기'의 균형 조절

리더는 상황에 따라 업무를 밀고 당기며 완급 조절을 잘하는 역량이 필요하다. 2022년 취업포털 사람인[*]이 국내 1,124개 기업을 대상으로 조사한 결과, 84.7%가 1년 이내에 조기 퇴사자가 발생했고, 그중 MZ세대의 조기 퇴사 비율이 이전 세대보다 많다고 응답한 비율이 68.7%로 나타났다.

세계적으로도 '대퇴사(Great Resignation)'가 일어나는 상황에서 구성원들의 이탈을 막기 위한 활동들이 이어지고 있다. 어떻게 하면 구성원들이 회사를 떠나지 않도록 할 것인가, 어떻게 하면 구성원들이 업무에 더 많이 몰입하게 할 것인가, 구성원들이 진정으로 원하는 것은 무엇인가 등을 두고 리더와 조직의 고민도 늘고 있다.

미국의 리더십 컨설팅기업 젠거포크먼의 공동설립자 조셉 포크먼(Joseph R. Folkman)[**]은 "리더가 목표를 달성하기 위해서는 업무에서의 '밀기'와 '당기기'를 상황에 맞춰 잘 활용해야 한다."고 말한다. 조셉 포크먼은 3,875명의 리더를 대상으로 구성원의 만족도 평가를 조사한 후 다음과 같은 솔루션을 제시했다.

첫째, '밀기'는 결과를 내기 위한 추진력을 의미한다. 업무의 방향을 제시하고 책임을 부여하는 것이다. 구성원이 무엇을 해야 하는지 지시하고 기한을 정해야 하므로 일종의 권위주의적 리더십도 필요하다.

둘째, '당기기'는 영감과 동기를 유발하며, 해당 업무가 왜 필요한지 설명하고, 업무를 수행하는 데 필요한 아이디어를 내도록 도와주는 것이다. 구성원에게 앞으로 어떻게 발전해 나갈지 알려줌으로써 열정을 끌어올릴 수 있다.

조셉 포크먼은 너무 강한 '밀기' 전략은 불만을 초래할 수 있지만 '당기기'가 통하지 않을 경우에는 '밀기' 전략이 필요하므로, 리더는 업무 상황에 맞춰 2가지 방법을 적절하게 유지하는 것이 필요하다고 조언한다.

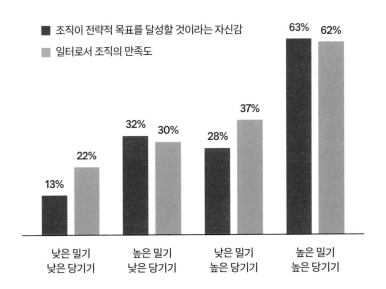

'밀기'와 '당기기'가 자신감과 만족도에 미치는 영향[**]

'밀고 당기기' 리더십은 구성원들이 조직과 리더에 대해 느끼는 만족감과 확신에 비례한다. 밀고 당기기 리더십을 위해 다음 2가지를 제안한다.

1) '밀기'를 위한 행동 제안

리더는 구성원들이 따라올 수 있도록 목표를 명확히 전달하고 추진력 있게 행동해야 한다. 리더가 목표달성에 대한 의지가 불분명하고 확신에 찬 의지가 부족하면 구성원들은 바로 알아챈다.

미국의 유명한 철학자 랄프 왈도 에머슨(Ralph Waldo Emerson)은 "열정 없이 무엇인가를 이룬 리더는 없다."고 말했다. 이처럼 리더가 먼저 목표를 달성할 수 있다는 확신과 열정을 가지고, 구성원들과 구체적으로 의사소통을 해야 한다. 이를 위해서는 주간회의에서 서로의 업무 추진 현황을 한눈에 볼 수 있도록 차트나 진척도를 공유하는 것도 도움이 된다. 진척도를 구성원과 함께 공유하면 목표를 달성하고자 하는 팀 전체의 의지가 강해지고 자신감도 올라간다.

2) '당기기'를 위한 행동 제안

리더는 구성원의 상황을 이해하고 동기부여가 될 수 있도록 소통해야 한다. 이때 구성원이 외적 보상에 의해 동기부여가 되는지,

내적 보상인 칭찬과 인정, 존재감에 의해 동기부여가 되는지를 먼저 살펴야 한다. 우선 1대1 면담을 통해 구성원의 의견을 충분히 수용한다. 면담 과정에서는 공감이나 경청이 중요하다. 구성원들은 자신이 인정받는다는 느낌이 들어야 동기부여가 된다. 자신의 의견이 조직에 반영될 수 있다는 생각이 들고, 일하기에 좋은 곳이라고 느끼면 만족감이 올라간다.

피터 드러커(Peter F. Drucker)[***]는 동기부여를 위해 리더가 할 수 있는 것은 '목표 설정'과 '구성원 육성'이라고 강조했다. 그는 "리더가 조직의 목표를 명확히 설정하고 구성원들이 목표를 달성할 수 있도록 도와야 하며, 구성원이 역량을 개발하고 성장할 수 있도록 적극 지원해야 한다."고 말했다. 이를 위해 리더는 밀고 당기기의 균형을 맞춰야 한다. 빨리 성과를 내서 목표를 달성해야 한다면 밀기의 리더십을 발휘하고, 개인과의 소통을 통해 구성원을 육성하고 미래를 준비하는 업무라면 당기기 리더십을 통해 조직에서 인정받는 리더로 거듭나야 한다.

- 사람인. (2022.08.03.). MZ세대, 10명 중 3명은 1년 안에 회사 떠난다. *사람인 HR 매거진*.
- [**] Folkman, J. (2022, May 24). To Get Results, the Best Leaders Both Push and Pull Their Teams. *Harvard Business Review Press*.
- [***] Drucker, P. F. (2006). *The Definitive Guide to Getting the Right Things Done* (Revised ed.). Harper Business.

Harvard Business Review

1대1 면담은
팀 리더십의 핵심요소

처음 리더로 승진한 이 팀장은 좋은 성과를 내고 싶었다. 팀원은 5명으로, 오랜 기간 한 팀으로 일해 온 선임과 팀원 2명, 새로 발령받은 팀원 2명이 있다. 이 팀장은 스스로 솔선수범하는 모습을 보이고 하루에도 2~3차례 전체 면담을 진행하면서 위에서 내려온 지시사항이나 정보를 팀원들에게 자세히 전달했다. 이 팀장은 전체 팀원이 모였을 때 공통된 메시지를 전달해야 오해가 없을 것이라고 생각했다.

그런데 360도 다면평가에서 이 팀장은 '팀원들 각자의 상황을 배려하거나 제대로 듣지 않고 독단적으로 업무를 추진한다'는 평가를 받고 적지 않은 충격에 빠졌다. 정보를 공유하고 팀원들과 합의해서 업무를 진행했는데 뒤통수를 맞은 것 같았다. 이 팀장은 앞으로 회의와 면담을 어떻게 진행해 나갈지 고민이다.

1대1 면담을 위한 리더의 행동

노스캐롤라이나대학교 특임교수 스티븐 로겔버그(Steven G. Rogelberg)˙는 수십 년 동안 1,000명의 지식노동자, 1대1 면담을 경험한 250명의 리더, 포춘 100대 기업의 최고 리더 50명을 대상으로 인터뷰를 진행했다. 그 결과 뛰어난 리더는 개별 미팅에 대해 어떠한 부담도 갖지 않았고, 업무관리를 위해 당연히 해야 하는 일이라고 여겼다. 이들은 자기가 중심이 되기보다 팀원들의 니즈와 현장의 어려움을 파악하고, 팀원들이 생각하는 주제로 이야기를 풀어나갔다. 단기적으로는 팀원이 좋은 성과를 내도록 도와주고, 장기적으로는 성장에 필요한 지원을 했다. 스티븐 로겔버그 교수는 인터뷰 결과를 토대로 1대1 면담을 잘하기 위한 방법을 제시했다.

첫째, 면담의 목적을 공유한다. 새로운 계획이나 업무의 목표를 공유하는 것이다.

둘째, 개별 면담 시간을 골고루 배분한다. 어떤 팀원은 격주, 어떤 팀원은 매주 만나더라도 미팅의 총시간은 비슷하게 유지한다.

셋째, 면담은 1주에 1회 정도가 좋다. 대부분의 직장인은 주간미팅에 익숙하다. 주간미팅을 할 때는 다음의 방법을 참고하자.

① 1대1 면담 분위기를 조성한다. 전화나 메신저, 이메일보다 1대1 면담을

통해 팀원의 성과를 높일 수 있는 대화를 한다.

② 리더는 말을 많이 하기보다 경청하는 것이 좋다. 팀원의 50~90%는 말하는 것을 좋아하므로 팀장은 잘 듣는 모습을 보여주면 된다.

③ 유연하게 대응한다. 대화가 잘 풀리지 않는다면 다음 어젠다로 넘어간다. 그리고 시간을 두고 더 깊이 대화하는 것이 좋다.

④ 기록을 통해 실행력을 높이자. 미팅을 하고 나서 요점을 정리해 문서로 작성해 놓으면 실행 가능성이 더 커진다. 1대1 면담은 단순한 미팅이 아니라 팀원들이 성장해 가는 과정이다. 리더는 오랜 시간에 걸쳐 팀원을 육성하고 지원해야 한다.

⑤ 마무리를 잘하자. 진정성을 느낄 수 있도록 1대1 면담을 스케줄에 맞춰서 시작하고, 끝낼 때는 고맙다는 인사로 마무리한다.

Leadership Insight ─────────────────────●

리더십 베스트셀러 작가 존 맥스웰(John C. Maxwell)**은 팀 리더십의 핵심요소로 1대1 면담을 강조했다. 그는 "리더는 1대1 면담을 통해 구성원들과 신뢰관계를 구축하고, 구성원의 역량을 개발하며 조직의 성과를 향상할 수 있다."고 말한다.

1대1 면담을 꺼리고 심지어 두려워하는 리더들도 있다. 특히 성과 면담에서는 1대1 면담이 필수인데, 그때마다 스트레스를 호소하는 리더들도 있다. 하지만 1대1 면담은 성과평가 기간에만 진행되는 것은 아니다. 상시적으로 성과를 관리하기 위한 방법으로 실시되어야 한다. 리더가 1대1 면담을 잘하기 위한 3가지 방법은 다음과 같다.

첫째, 리더는 구성원들에게 1대1 면담의 내용을 미리 안내하는 것이 좋다. 리더가 갑자기 1대1 면담을 하자고 하면 구성원들은 긴장하기 마련이다. 자신이 무엇을 잘못했다거나 새로운 업무를 내리려는 것으로 오해할 수 있다. 따라서 1대1 면담을 하기 전에 '이런 내용으로 1대1 면담을 실시하겠다'는 내용을 공지한다.

둘째, 1대1 면담의 배경을 설명한다. 1대1 면담이 성과를 위한 소통과 이해를 높이는 중요한 일임을 알리고, 업무환경과 분위기가 좋아진다는 점을 알린다. 이를 위해 리더가 구성원의 업무상황을 잘 이해하고 있고, 적절히 지원하고 협력하고자 한다는 점을 말해 준다.

셋째, 1대1 면담은 자연스러운 업무 중 하나이며 언제든 상시적으로 할 수 있다는 점을 이해시키고, 너무 길지 않은 시간 동안 짧게 진행한다. 오랜 기간 리더들이 경험한 바에 의하면, 긴 면담은 상대방을 지치게 하고 다음번 1대1 면담에 대한 부담감을 키운다.

1대1 면담은 구성원에게 리더의 영향력을 진정성 있게 전달할 수 있는 좋은 방법이다. 어려워하거나 피하지 말고 구성원과 함께하는 시간을 자주 만들면, 구성원과 리더가 함께 성장하는 좋은 기회가 될 것이다.

- Rogelberg, S. G. (2022, November-December). Make the Most of Your One-on-One Meetings. *Harvard Business Review*.
- Maxwell, J. C. (2019). *Developing the Leader Within You 2.0*. HarperCollins Leadership.

자주 참견하지 않고 팀원을 돕는 방법

김 팀장은 일명 '김 대리'로 통한다. 팀원들의 업무를 워낙 사사건건 세세하게 챙기다 보니 생긴 별명이다. 팀장이 대리처럼 매사에 일일이 참견하는 터에 팀원들은 무척 피곤하다. 그러다 보니 팀원들의 술자리에서는 김 팀장이 안줏거리다. 발 없는 말이 천 리를 간다고, 김 팀장은 자신에 대해 뒷말이 나오는 것을 알고 무척 기분이 상했다. 하지만 팀원들을 믿고 맡기려니 불안하고 초조하다.

어떻게 하면 자주 참견하지 않고 팀을 잘 꾸려나가는 리더가 될 수 있을까?

구성원의 업무에 긍정적으로 개입하는 3가지 방법

요즘 회사에서는 마이크로매니징(Micro Managing)을 피하는 추세이다. 구성원들의 업무에 많이 개입하는 리더일수록 좋은 평가를 받기 힘들기 때문이다. 구성원들은 원치 않는 개입이나 도움에 부정적인 반응을 보인다. 미국의 조지 패튼(George S. Patton Jr.) 장군은 "부하들에게 방법을 지시하지 말라. 목표를 알려 주면 그들은 깜짝 놀랄 만큼 독창성을 발휘한다."고 말했다.

런던칼리지대학교 부교수 콜린 피셔(Colin M. Fisher), 하버드경영대학원 교수 테레사 아마빌레(Teresa M. Amabile), 뉴욕대학교 조교수 줄리아나 필머(Julianna Pillemer)는 10년 동안 124개 그룹을 대상으로 행동 실험을 했다. 가상의 레스토랑 개업에 대한 의사결정을 내리게 한 후, 다양한 시점마다 개입하면서 어떤 반응을 보이는지 살펴봤다. 이 과정에서 연구자들은 긍정적으로 개입하는 3가지 방법을 찾아냈다.

1) 적절한 타이밍에 돕기

리더의 조언을 받아들일 준비가 되었을 때까지 지켜본다. 구성원이 필요로 하는 시점에 맞춰 도움을 주는 것이다. 적절한 시기에 받는 치료가 예방보다 나은 것처럼, 문제가 발생하기 전보다 발생한 후에 조언했을 때 구성원들이 더 잘 이해하고 발전할 수 있다.

2) 내가 도움을 줄 수 있는 사람이라는 것을 알리기

리더의 개입 시점이 적절하더라도 이유가 명확하지 않으면 오해를 살 수 있다. 구성원들을 평가하는 일도 리더의 역할 중 하나이다. 그런데 구성원은 자신이 잘못했기 때문에 개입하는 것이라고 오해할 수 있다. 구성원들은 '팀장이 끼어들었으니 어떻게 하지?' '내가 일하는 방식이 못마땅한가?'라고 생각하는 것이다. 그래서 하버드경영대학원 교수 에이미 에드먼슨(Amy Edmonson)은 "리더는 구성원들에게 심리적 안전감, 즉 대인관계의 위험을 줄일 수 있는 분위기를 만들어주고, 평가자가 아닌 조력자로 개입한다는 점을 명확히 밝힐 필요가 있다."고 말한다.

3) 구성원의 상황에 따라 개입 정도 조절하기

구성원들은 개인의 역량과 성격, 행동 특성이 제각각 다르다. 팀장의 개입을 원하는 경우가 있고, 싫어하는 경우도 있다. 예를 들어 재택근무를 하는데 팀장이 너무 자주 연락하면 불편하게 여기는 팀원이 있다. 반대로 팀장의 연락이 너무 없으면 어떻게 해야 할지 몰라 우왕좌왕하는 팀원도 있다. 리더는 팀원의 상황에 따라 얼마나, 어떻게 개입할지 조절해야 한다.

IT 분야 리더를 위한 가이드를 저술한 카미유 푸르니에(Camille Fournier)**는 "마이크로매니징은 팀원들의 사기와 동기, 업무 능력, 창의력과 혁신은 물론 변화에 대한 적응력까지 떨어뜨린다."고 말한다.

김 팀장이 마이크로매니징을 하지 않고, 다음 솔루션을 통해 행동하면 문제를 해결할 수 있다.

첫째, 김 팀장이 왜 개입해야 하는지에 대한 명분을 가지고 팀원들과 소통한다. 미팅이나 주간회의 때 팀장이 업무에 개입하는 것은 팀원들이 시행착오를 줄일 수 있도록 도움을 주기 위해서라고 미리 알린다. 그리고 업무에 개입할 때는 팀원들을 질책하거나 인사평가에 사용하지 않는다는 점을 명확히 밝히는 것이 중요하다.

둘째, 팀원들이 필요할 때 언제든지 도움을 요청하라고 구체적인 방법을 안내한다. 자신이 아침에 몇 시에 출근하고, 업무 중에는 어느 시간대에 여유가 있으니 언제든 편하게 와서 이야기해도 되고, 전화나 메일로도 얼마든지 문의해도 좋다고 알린다.

셋째, 꼭 필요한 경우에도 최소한으로 개입해서 팀원들의 자율성을 인정해 준다. 팀원들이 할 수 있는 부분과 팀장이 꼭 도와주어야 하는 부분을 구분하고, 최소한으로만 개입한다는 점에 대해 충분히 소통한다.

김 팀장이 이러한 방법으로 개입한다면 이것은 긍정적인 업무 개입으로 받아들여질 것이다. '김 대리'라 불리던 김 팀장의 별명도 자연스럽게 사라질 것이며, 팀원들로부터 존경받는 리더가 될 수 있다.

- Fisher, C. M., Amabile, T. M., & Pillemer, J. (2021, January-February). How to Help (Without Micromanaging). *Harvard business review*.
- Fournier. C. (2017). *The Manager's Path : A Guide for Tech Leaders Navigating Growth and Change*. O'Reilly Media.

Harvard Business Review

성과를 못 내는 직원, 어떻게 해야 할까?

팀장 3년 차에 접어든 김 팀장은 올해 유난히 힘들었다. 특히 팀 내에 저성과 팀원이 한 명 있어서 여간 신경이 쓰이는 게 아니다. 그 팀원도 이 점을 알고 있다. 아무튼 팀 전체의 성과를 한 명의 저성과자가 떨어뜨리고 있는 상황이다.

김 팀장은 항상 고성과자로 승승장구하다 보니 성과를 못 내는 직원을 어떻게 관리해야 하는지 배운 적도 없고 들은 적도 없다. 김 팀장은 주말에 시간을 내서 조직관리를 많이 해본 선배를 찾아가 조언을 듣기로 했다.

저성과자를 고성과자로 끌어올리는 방법

클레어몬트 매케나대학교 교수 제이 콩거(Jay A. Conger), 펩시코 인재평가 담당 부사장 앨런 처치(Allan H. Church)의 연구에 따르면, 리더가 팀을 맡아 이끌 때 가장 먼저 해야 할 것은 구성원들의 재능을 평가해 나름의 등급을 나누는 일이라고 한다. 이때 구성원들의 재능을 분류하기 위해서는 다음의 3가지 기준을 참고할 수 있다.

첫째, 각 구성원이 자기 업무에 맞는 역량을 갖추었는지 판단한다.

둘째, 각 구성원이 업무에 필요한 추진력과 새로운 기술을 익히려는 의지와 열정을 갖추었는지 판단한다.

셋째, 각 구성원이 리더는 물론이고 다른 구성원들과 좋은 관계를 맺을 수 있는지 판단한다.

위의 3가지 기준을 뛰어넘는 구성원은 A급 고성과자로 본다. 실력은 있지만 아주 특출하지 않은 구성원은 B급이다. 3가지 중 하나 이상 충족하지 못하는 구성원은 C급이다.

리더가 저성과자를 분류해야 하는 이유는 그들이 기대치의 40~50%밖에 해내지 못하기 때문이다. 그들은 일이 더디고 성과가 낮은 이유를 외부의 탓으로 돌리고, 정확하게 지시하지 않았다고 리더를 비난하는 경향도 있다. 저성과자를 그냥 두면 주변의 구성원들은 리더의 행동에 의구심을 갖게 된다. '왜 우리 팀장님은 형편없는 직원을 그대로 두는 걸까? 저 사람 때문에 우리가 얼마나 힘들고 의욕이 떨어지는지 알지 못하는 것 같아!'라고 생각할 수 있다.

따라서 리더는 리더십을 발휘해 B급과 C급에 해당하는 구성원을 A급 고성과자로 끌어올려야 한다. 이를 위해서는 다음의 방법을 활용해 보자.

첫째, 저성과자가 가진 기술과 역량이 업무에 잘 들어맞는지 파악한 후 업무를 재배치하는 것도 리더의 역할이다. 업무 초기부터 저성과자에게 적극적으로 관심을 가지고 집중적으로 관리한다.

둘째, 저성과자의 역량 자체가 부족한지, 동기부여가 안 된 것인지, 대인관계에 문제가 있는지를 파악한 후 각각의 상황에 맞는 적절한 코칭을 한다.

셋째, 이렇게 했는데도 저성과자의 역량이나 태도가 변하지 않는다면 내보내는 것이 나을 수 있다.

Leadership Insight

김 팀장은 팀 전체의 성과를 위해 저성과자를 관리할 필요가 있다. 김 팀장은 우선 해당 팀원에게 어떤 문제가 있는지 면밀하게 파악해야 한다. 팀원의 업무 역량이 부족한 것인지, 열정이 낮은지, 사람들과 협업하는 데 문제가 있는지를 알아야 한다. 원인을 파악하는 단계에서 주의할 점은 선입관을 가지고 추측하는 것이 아니라 객관적으로 관찰하는 것이다. 동시에 다른 팀원들과의 관계도 살펴보자. 협업 활동은 적극적인지, 대화에서 소외되어 있는지 등을 확인한다. 저성과자와 1대1 면담을 통해 직접적인 문제의 원인과 의견을 경청하는 것도 좋은 방법이다.

다음으로 저성과자에게 코칭의 기회를 제공해야 한다. 교육과 훈련을 통해 팀원의 역량을 높이는 것이다. 필요한 직무교육이 무엇인지 파악하고, 사내·사외 교육을 추천한다. 동기부여가 안 되는 팀원이라면 그 이유가 무엇인지 확인한 후 승진과 급여 등 외적 보상을 중요하게 여기는지, 아니면 인정과 칭찬, 일의 가치와 의미 등 내적 보상이 필요한지를 판단한다. 이때 외적 보상은 조직 시스템 차원에서 제공하고, 내적 보상은 리더가 관심을 가지고 소통하면서 제공한다. 대인관계 기술을 높이기 위해서는 팀원의 성격 유형을 통해 어떤 부분이 강점이고 어떤 부분이 약점인지 파악하여 지원한다. 코칭 전문가 마이클 번게이 스태니어(Michael Bungay Stanier)**는 "저성과자는 자신의 역량과 강점을 파악하지 못할 수 있다. 이 경우 코칭을 통해 자신의 역량과 강점을 파악하고, 이를 업무에 어떻게 활용할지 배워야 한다."고 말한다.

마지막으로 김 팀장은 저성과 팀원에게 일정한 기한 동안 기회를 줘야 한다. 성과가 낮다고 해서 갑자기 조직발령이나 직무변경을 한다면 매우 혼란스러워할 수 있다. 1대1 면담을 통해 팀원이 중성과자나 고성과자로 성장할 수 있는 비전을 제시하고 새로운 기회를 부여한다면 팀원에게는 든든한 지원군이 생긴 것이나 다름없다. 하지만 리더라고 해서 마냥 기회만 줄 수는 없다. 필요한 경우 위기의식을 심어주고 경고하기도 하면서, 변화된 모습을 보이지 않는다면 개인의 발전을 위해서라도 새로운 방법을 찾도록 안내하는 것도 리더의 중요한 역할이다.

• Conger, J. A., & Church, A. H. (2018. February 1). The 3 Types of C Players and What to Do About Them. *Harvard business review*.

•• Stanier, M. B. (2016). *The Coaching Habit : Say Less, Ask More & Change the Way You Lead Forever*. Page Two.

Harvard Business Review

업무 몰입을 위한
분위기 만들기

김 팀장은 요즘 자신의 집중력이 예전만 못하다는 생각이 든다. 그런데 팀원들은 자신보다 집중력이 더 떨어지는 것 같아 답답하다.

팀원들은 아침에 출근하면 한참 동안 티타임을 가지고, 책상 앞에 앉아서도 본격적으로 업무에 몰입하지 못한 채 오전 시간을 보낸다. 11시가 되면 어디서 점심을 먹을지 얘기하다가 11시 30분에 사무실을 나간다. 점심시간이 지나면 잠깐 업무에 집중하는 듯하지만, 회의와 미팅에 쫓기느라 정작 팀이 진행하고 있는 프로젝트에 집중하지 못한다.

어떻게 하면 팀원들이 업무에 집중할 수 있을까? 팀장으로서 팀원들의 업무 집중을 위해 도움을 주고 싶다.

집중 못하는 직원들을 위한 7가지 방법

데이비드앨런컴퍼니의 설립자 데이비드 앨런(David Allen)과 마스터 트레이너 저스틴 헤일(Justin Hale)*이 1,600명의 리더와 구성원을 대상으로 업무 집중도에 대해 설문조사한 결과, 구성원의 60.6%가 업무시간 중 1~2시간조차 제대로 집중해서 일한 적이 없다고 한다. 더욱 심각한 것은 응답자의 3분의 1은 집중시간이 10분 이하로 나타났다.

데이비드 앨런과 저스틴 헤일은 연구 결과를 토대로 구성원들이 업무에 집중할 수 있는 7가지 방법을 제시했다.

첫째, 업무를 목록화한다. 리더가 나서서 구성원들이 현재 해야 할 일을 정리하고 작성하도록 지시한다. 업무량 달성현황 등 구성원들이 자기 업무를 챙길 수 있도록 관리하는 것이다.

둘째, 커뮤니케이션 채널을 정확히 안내한다. 구성원들이 하나의 일에 집중하지 못하는 이유는 조직의 커뮤니케이션 채널이 너무 많거나, 채널을 통해 들어온 것들을 모두 소화해야 한다는 부담 때문이다. 채널마다 어느 정도로 관리해야 할지 모르면 부담이 더 가중된다.

셋째, 안 되면 안 된다고 말할 수 있어야 한다. 구성원들이 과부하나 번아웃 상태라고 편하게 말할 수 있는 분위기가 되어야 한다.

넷째, 불필요한 회의는 하지 않는다. 오늘 무슨 일을 했는지 돌아보면 대개 회의 말고는 기억나지 않을 정도로 회의가 너무 많다. "팀장인 내가 책임질 테니 명확한 어젠다가 없는 회의에는 참석하지 마세요"라고 말한다.

다섯째, 생산성 있게 일한다. 구성원과 1대1로 주간미팅을 할 때 '바쁘게 잘 지내나요?'라는 식의 모호한 질문을 해서는 안 된다. 그 대신 시간과 자원이 충분한지, 더 필요한 것이 있는지, 하고 싶은 일을 하고 있는지 물어본다. 바쁘게 일하는가가 중요한 게 아니다. 일의 목적을 달성하기 위해 생산적으로 일하고 있는지를 파악해야 한다.

여섯째, 한 번에 하나씩 집중해서 일한다. 집중해야 하는 날짜나 시간을 지정해서 '방해금지'를 선언한다.

일곱째, 구성원의 집중시간을 지켜준다. 채팅 창이나 일정표에 '집중시간'이라고 적혀 있다면 그 시간에는 절대 방해하지 않는다. 리더라고 해서 예외적으로 집중시간을 방해하는 순간, 모든 구성원들이 똑같이 서로를 방해하는 참사가 발생한다.

(Leadership Insight)━━━━━━━━━━━━━━━━━━━━━●

리더십 전문가 벤 호로위츠(Ben Horowitz)**는 구성원들이 업무에 몰입할 수 있는 분위기를 만드는 것이 중요하다고 강조한다.

김 팀장은 팀원들이 업무에 집중할 수 있도록 몇 가지 기준을 세우고 팀원들에게 공유했다. 두 달 정도 지나자 팀원들이 업무에 집중할 수 있었고, 업무 분위기도 다른 팀이 부러워할 만큼 바뀌었다. 김 팀장이 팀원들과 함께 실행했던 내용은 다음과 같다.

1) 팀의 업무 집중시간을 만든다

오전 9시 30분부터 11시 30분까지는 개인의 미처리 업무나 전날 진행하던 일들을 계속하도록 했다. 이처럼 오전은 오롯이 개인 업무시간으로 정했다. 김 팀장도 오전에는 회의를 잡지 않았고, 팀원들에게 연락하지 않았다. 자기 자리에서 일하든, 스마트 오피스처럼 이동식 자리에서 일하든 각자 알아서 일하도록 했다. 그러자 팀원들의 업무 집중도가 놀랍게 좋아졌다. 김 팀장도 자기 일에 더 집중할 수 있었다.

2) 회의나 미팅은 명확한 어젠다로 진행한다

회의에서는 반드시 어젠다를 확인하는 습관을 들였다. 팀원들의 회의 참석 여부는 문자나 메신저로 확인하고, 굳이 참석하지 않아도 되는 회의에는 들어가지 않고 회의록을 공유하도록 했다.

3) 팀 차트를 만든다

팀 차트(Team-Chart)를 활용해 누가 언제까지 어떤 일을 하고 있는지 주간회의 시간에 공유했다. 이를 통해 지금 누가 많이 바쁜지, 누가 도움을 줄 수 있는지도 확인할 수 있었다. 바쁜 팀원에게는 집중할 수 있도록 배려해 주는 분위기가 만들어졌다.

4) 업무 다이어리를 공유한다

김 팀장은 자신의 업무 다이어리를 공유하고, 팀원들도 업무 다이어리 쓰는 노하우를 팀장에게 배웠다. 오늘 처리한 것은 완료(∨) 표시를 하고, 아직 처리되지 않은 것은 세모(△) 표시를 했으며, 오늘 하려고 했으나 시작하지 못한 것은 참고(※) 표시를 해서 다음 날 처리했다.

김 팀장의 변화된 행동에 팀원들의 업무 몰입도가 높아졌다. 모두 바쁘게 일하는 것이 아니라, 해야 할 일을 계획적이고 구체적으로 시한을 정해놓고 할 수 있었다. 업무에 몰입할 수 있는 분위기가 만들어지자 일의 효율성과 생산성이 높아졌고 협업을 통해 시너지 효과가 극대화되는 결과를 얻었다.

- Allen, D., & Hale, J. (2023, January 24). 7 Ways Managers Can Help Their Team Focus. *Harvard Business Review.*
- Horowitz, B. (2014). *The Hard Thing About Hard Things : Building a Business When There are No Easy Answers.* Harper Business.

◇ ◇ ◇

"개인의 삶을 훌륭하게 가꾸어 주는 것은 행복감이 아니라
깊이 빠져드는 몰입 경험이다."

＿ 미하이 칙센트미하이(시카고대학교 심리학 교수,《몰입(FLOW)》저자)

스마트워크

: 효과적인 성과 리딩 :

Harvard Business Review

팀원의 창의성을
높여 주는 방법

김 팀장은 팀원들의 창의성을 높여 주기 위해 무엇을 해야 할지 고민에 빠져 있다. 인사팀에서도 팀원들의 창의성을 높이기 위해 다양한 활동을 하고 있다.

최근에는 업무 효율성을 높이고자 사내 아이디어 공모전을 제도화했다. 그런데 갑자기 상무님이 아이디어 공모에 참여한 숫자를 팀별로 공개했는데, 김 팀장의 팀은 아이디어 제안 건수가 평균 이하로 나타났다. 상무님이 직접적으로 언급하지는 않았지만, 제안 건수를 높이라는 의도가 느껴졌다.

팀원들에게 부담을 주지 않으면서 창의성을 높이는 방법이 있을까?

구성원들의 창의성을 높이는 5가지 방법

세계 최고의 창의력 수업을 자랑하는 스 탠퍼드대학교 디스쿨(d.school)의 교수 제레미 어틀리(Jeremy Utley) 와 페리 클레반(Perry Klebahn)°은 1,500명의 CEO를 대상으로 한 설문조사 결과, 비즈니스 리더에게 가장 요구되는 역량으로 '창의 성'이 꼽혔다. 기업이 아무리 혁신적인 전략을 마련했다 하더라도, 리더가 창의성을 발휘하지 못하면 새로운 아이디어와 제품을 개발 할 수 없으므로, 창의성은 리더가 꾸준히 개발해야 하는 역량 중 하 나라고 강조했다. 그들은 팀이 창의성을 발휘하지 못하는 이유를 다음과 같이 제시했다.

- 창의력이 실제로 어떻게 작용하는지 리더가 제대로 이해하지 못하는 경우
- 리더가 혁신에 대한 목표를 업무 시스템에 반영하지 못하는 경우
- 리더가 바쁜 업무에 급급한 나머지 관료주의에서 벗어나지 못하는 경우
- 업무를 특정 방식으로 해야 한다는 강박이 모든 사람들의 창의성을 저 해하고 있는 경우

제레미 어틀리와 페리 클레반은 팀의 창의성을 높이는 5가지

방법을 정리했다.

1) 많은 아이디어를 요청하라

창의력을 높이기 위해서는 '옵션 3가지를 가져오세요'처럼 일부러 많은 아이디어를 낼 수 있도록 해야 한다. 구글의 자회사이자 비밀 연구조직으로 알려진 구글X의 CEO 아스트로 텔러(Astro Teller)는 다음과 같이 말한다.

"저는 팀에 5가지 아이디어를 요청합니다. 그럼 팀은 늘 편법을 쓰려고 합니다. 가장 좋아하는 아이디어 1개와 '가짜' 아이디어 4개를 가져오죠. 하지만 그들이 깨닫지 못하는 게 있습니다. 가짜 아이디어 중 하나는 그들이 가장 좋아하는 아이디어만큼이나 좋은 경우가 많습니다. 이처럼 여러 옵션을 고민해 보면 항상 좋은 결과가 나옵니다."

2) 실패하지 않는 것이 진짜 실패다

누구나 실패를 두려워한다. 그래서 리더는 실패를 단순히 용인하는 것을 넘어 권장하는 영역을 지정할 필요가 있다. 미셸린고객혁신연구소의 리더 필립 바로드(Philippe Barreaud)는 다음과 같이 말한다.

"일을 시작하기 전에 성공에 대한 가능성을 평가해 보면 성공 확률이 항상 높지는 않습니다. 실패를 하는 경우도 많이 있다는 뜻입니다. 그래서 우리는 우리 팀에 실패 목표를 설정했습니다. 우리가 기본 실패율 이상으로 실패하지 않는다면 충분히 광범위하게 탐색하고 있지 않다는 의미입니다. 실패하지 않는다면 그것이 정말 실패한 것입니다."

팀이 일하면서 안전하게 운영해야 하는 경우도 있다. 그러나 때로는 위험을 감수하지 않는 것이 가장 위험한 행동이 될 수 있다.

3) 혁신을 위한 시간을 마련하라

대부분의 조직이 비어 있는 시간에 회의나 미팅을 넣다 보면 스케줄이 빡빡해진다. 그러면서 일정을 꿰맞추듯 하는 '스케줄 테트리스' 때문에 혁신을 할 시간이 부족하다고 투덜댄다. 하지만 혁신적인 리더는 예기치 못한 상황에 대비해 스케줄을 미리 비워둔다. 문제해결을 위한 작업을 수행할 수 있는 시간을 마련해 두는 것이다. 이처럼 팀이 혁신을 이루려면 중요한 활동을 할 수 있는 시간을 미리 확보해 두어야 한다.

4) 문제의식을 길러줘라

새로운 솔루션을 찾기 위해서는 문제해결보다 문제를 발견하는 역량이 있어야 한다. 조직 전반에 문제의식을 길러주기 위해 '제안함'이나 '아이디어 박스' '문제 상자'를 잘 보이는 곳에 둘 것을 추천한다.

5) 결정을 미뤄라

새로운 솔루션에 대한 의사결정을 미뤄보자. 물론 문제를 해결되지 않은 상태로 내버려두기는 어려울 수 있다. 하지만 자이가르닉 효과(Zeigarnik effect, 완결되지 않은 일을 떨쳐내지 못하고 계속 기억하는 것)처럼 문제를 계속 고민하는 과정에서 창의적인 아이디어가 떠오를 수 있다.

(Leadership Insight)────────────────────●

김 팀장은 요즘 즐겁다. 팀원들이 새로운 아이디어를 많이 내고 실행하면서 주도적으로 일해 나가고 있기 때문이다. 자신이 낸 아이디어가 업무에 반영되었다는 점에서 일의 의미를 찾고, 그로 인해 업무 몰입도가 높아졌다. 창의성은 특별한 사람이나 재능 있는 사람만 가진 것이 아니라 누구나 창의성을 발휘할 잠재력을 가지고 있다^{••}는 것에 김 팀장은 매우 공감하고 있다.

김 팀장은 회의시간에 팀원들에게 아이디어를 낼 수 있는 환경을 만들어 주었다. 브레인스토밍(Brain-storming)과 브레인라이팅(Brain-writting)을 통해 새로운 아이디어를 포스트잇에 무기명으로 적어 내도록 했다. 처음에는 어색해하던 팀원들도 시간이 지나면서 익숙해졌고, 좋은 아이디어는 서로 인정하고 칭찬했다. 또 아이디어가 실행되는 것을 눈으로 확인하면서 팀 분위기도 많이 좋아졌다.

김 팀장은 아이디어를 도출하는 다양한 기법을 활용해 어떤 아이디어든 편하게 제안할 수 있는 분위기를 만들었다. 무엇보다 다른 사람의 아이디어나 의견을 지적하거나 무시하지 못하도록 했다. 김 팀장도 "좋은 의견입니다. 조금 더 생각해 보면 좋겠습니다. 가능성 있는 의견으로 발전시켜 봅시다."라는 식으로 모든 아이디어와 의견을 존중했다.

김 팀장은 회의실을 벗어나 카페와 공원 등에서도 팀원들과 대화를 나눴다. 팀원들은 산책을 하면서 문제를 탐색하고 발견하기도 했다. 그동안 시키는 일과 주어진 일만 하던 팀의 분위기가 놀랄 만큼 달라졌다. 팀원들이 다양한 아이디어를 내면서 성과는 당연히 상승곡선을 그렸다.

• Utley. J., & Klebahn, P. (2023, March 28). 5 Ways to Boost Creativity on Your Team. *Harvard Business Review.*

•• Kelley, T., & Kelley, D. (2013). *Creative Confidence : Unleashing the Creative Potential Within Us All.* Crown Business.

아이디어가 넘치는
회의 문화 만들기

오늘도 김 팀장은 회의를 주재하고 나왔다. 그런데 회의 내용이 썩 마음에 들지 않았다. 팀원들이 너무 수동적이고 의견을 내지도 않는다. 김 팀장은 답답해서 본인의 아이디어를 이야기하다가 '도대체 내가 무엇을 하고 있는가?' '나만 의견을 내는 회의인가?'라는 생각에 짜증을 냈다.

"여러분은 생각이 없나요? 회의 어젠다도 미리 공지했는데, 이렇게 의견이 없으면 어쩌란 말입니까? 지난번에도 같은 상황이었고, 이럴 거면 회의할 필요가 없습니다. 자기 일이라고 생각하지 않으니 아이디어가 없는 것 아닙니까? 내 의견을 듣기만 하겠다는 겁니까?"

김 팀장은 해결방법이 필요했다. 팀원들이 다양한 의견을 내고 서로 자신의 아이디어를 실행해 보겠다고 적극적으로 나서는 그런 회의를 연출하는 것은 불가능할까? 김 팀장은 책상에 앉아 볼펜을 끄적이며 고민해 본다. '팀장으로서 나는 어떻게 해야 할까?'

활발한 회의를 위한 10가지 솔루션

미국의 리더십 컨설팅기업 리더팩터의 CEO 티머시 클라크(Timothy R. Clark)*는 회의에 참석하는 구성원들의 감정에 대해 조사했다. 그 결과 CEO나 팀장에게 권력이 집중되어 있는 조직은 리더가 듣고 싶은 말만 앵무새처럼 반복하는 반향실 효과(echo chamber)가 나타났다. 밀폐된 방에서 소리를 지르면 자신에게 돌아오는 것처럼, 팀장이 의견을 내면 팀원들이 그대로 반복하는 현상을 말한다. 괜히 팀장 앞에서 말을 잘못 꺼냈다가 오히려 평판에 부정적인 영향을 미치고 지금의 자리도 위태로울 수 있다고 생각하는 것이다.

티모시 클라크는 아이디어와 피드백이 활발한 회의를 위해 10가지 방법을 제안했다.

① 회의 진행을 구성원에게 위임하라. 리더가 직접 회의를 주관하지 말고 구성원이 중심이 되도록 한다.

② 구성원들과 같은 자리에 앉아라. 리더는 당연히 테이블 중앙이나 높은 자리에 앉는다는 분위기를 없앤다.

③ 회의시간에 심리적 안전감을 안겨주라. 리더의 행동과 말투 등이 구성원들에게 어떻게 느껴질지 고민하자.

④ 리더도 모르면 모른다고 인정하라. 리더가 약점을 보이지 않으면 회의 시간에 구성원들의 의견이 줄어든다.

⑤ 리더가 빠르게 결론을 내지 마라. 구성원들이 호기심을 가지고 생각을 깊게 할 수 있도록 질문하라.

⑥ 리더와 다른 의견을 내는 구성원을 존중하라. 리더의 의견에 대해 반대 의견을 내는 구성원에 대해 감사의 표시를 하라.

⑦ 회의 중 구성원들의 웃음과 긍정적인 반응을 이끌어내라. 유머와 열정 으로 회의시간의 즐거움을 부여하라.

⑧ 회의에서 독단적인 행동을 하는 구성원을 관리하라. 구성원 모두가 골 고루 똑같이 참여해야 한다는 점을 강조하라.

⑨ 구성원들의 의견을 충분히 경청하라. 구성원의 의견을 경청하는 것은 확실한 존중의 표현이다.

⑩ 구성원의 행동에 구체적으로 칭찬하라. 리더가 미처 생각하지 못한 점 을 발언한 것에 대해 구체적으로 칭찬하는 것이다.

Leadership Insight

리더십 전문가 리즈 와이즈먼(Liz Wiseman), 로이스 앨런(Lois Allen), 앨리스 포스터(Elise Foster)**는 "팀의 성과를 높이는 리더는 팀원들의 잠재력을 이끌어낸다. 회의 분위기를 리더가 주도하면 팀원들의 잠재력을 제대로 이끌어내지 못한다."고 말한다.

김 팀장은 팀원들의 잠재력을 끌어내기 위해 마인드를 바꾸고

2장 스마트워크 : 효과적인 성과 리딩

과거와는 다르게 회의를 이끌었다. 그동안은 회의에서 자신이 모든 것을 주도했는데, 이제는 팀원들이 많은 부분에 참여할 수 있도록 조정했다.

김 팀장은 팀원들이 자기보다 더 좋은 아이디어를 내지 못한다는 생각에 자신의 의견을 팀원들에게 전달하거나 주입하려고 했다. 하지만 이제는 회의에서 말하기보다 더 많이 들으려고 노력한다. 회의실 중앙에 늘 자신이 앉았는데, 이제는 팀원들이 돌아가면서 앉도록 했다.

김 팀장은 회의 준비, 진행, 회의록 정리까지 많은 부분에서 팀원들의 의견을 반영했다. 회의는 1시간 내외로 하고, 진행은 그날 회의실 중앙에 앉은 사람이 맡으며, 회의록은 돌아가면서 정리하기로 규칙을 정했다. 회의 마지막에는 지금 진행하는 프로젝트에 대한 진행 정도를 알 수 있도록 정리의 시간을 정해 진행상황을 모두 공유했다.

이러한 변화 이후 주변에서는 김 팀장의 팀 회의에서는 다양한 의견이 나오고 서로 활발하게 피드백을 주고받는다는 소문이 돌았다. 김 팀장은 '내가 다 맞는 것은 아니다'라는 마인드의 변화를 계기로 창의적인 아이디어와 생산적인 결과를 낼 수 있었다.

•   Clark, T. R. (2023, January 23). How a CEO Can Create Psychological Safety in the Room. *Harvard Business Review*.

•• Wiseman, L., Allen, L., & Foster, E, (2013). *The Multiplier Effect : Tapping the Genius Inside Our Schools*. Corwin.

민첩하고 유연한
애자일 조직 만들기

박 팀장은 조직에서 새로운 도전과 시도를 잘하는 것으로 유명하다. 신규사업을 위한 TFT에도 수차례 발탁되어 성공적인 결과를 만들어 냈다. 박 팀장도 자신이 프로젝트 과제를 잘해 내는 역량이 있다고 생각한다.

회사에서 박 팀장에게 새로운 프로젝트를 주었다. 6개월 내로 애자일 (agile) 조직에 대해 교육하고 전파하라는 CEO의 지시였다. 박 팀장은 수많은 TFT를 경험했지만, 애자일 조직을 도입하는 것은 생소한 분야 였다. 박 팀장은 애자일 조직을 잘 만들 수 있을까?

애자일 조직을 만드는 6가지 원칙

IMD 비즈니스스쿨의 혁신 및 전략 교수 마이클 웨이드(Michael Wade), 아밋 조시(Amit Joshi)와 연구원 엘리자베스 테라치노(Elizabeth A. Teracino)˙는 2020년 전 세계를 덮친 코로나 팬데믹 상황에서 에어비앤비의 성공 사례와 캘리포니아피자키친의 실패 사례를 비교했다.

에어비앤비의 성공에는 크게 3가지 특징이 있었다. 첫째, 최악의 상황을 피할 수 있을 만큼 충분히 민첩(nimble)했다. 둘째, 큰 충격을 흡수하고 견딜 수 있을 만큼 견고(robust)했다. 셋째, 경쟁 기업들보다 더 빠르고 효과적으로 앞으로 나아갈 수 있을 만큼 충분히 회복탄력적(resilient)이었다. 코로나 팬데믹 상황에서 에어비앤비는 숙박과 숙박 사이의 하룻밤은 예약을 받지 않고 소독과 방역을 철저히 했다. 또 고객이 편하게 취소할 수 있도록 예약 정책을 완화했다. 그리고 자가격리를 위한 장기 체류를 장려하고 숙소 내 체류 기간이 길어지자 인터넷 속도를 높였다. 이러한 정책을 통해 에어비앤비는 어려운 상황에서도 좋은 성과를 얻을 수 있었다.

반대로 캘리포니아피자키친은 팬데믹으로 인해 이동 제한 명령이 내려진 후 배달 서비스를 핵심 사업으로 빠르게 전환하지 못해 매출에 심각한 타격을 입었다. 게다가 수년간 누적된 적자와 높은 부채비율로 인해 추가로 자본 조달을 하는 데 어려움을 겪었고, 결국 2020년 11월에 파산신청을 했다.

이외에도 마이클 웨이드 연구팀은 다양한 사례를 통해 애자일(민첩한) 조직을 만드는 6가지 원칙을 제시했다.

1) 완벽함보다 속도를 우선하라

중국의 춘절(설날)에는 항상 영화관에 사람들이 북적인다. 하지만 코로나19 상황에서는 대부분의 극장이 문을 닫았고, 영화사는 잇따라 개봉을 연기했다. 중국의 춘절 연휴에 극장가는 일제히 봉쇄됐지만, 당시 최대 기대작이었던 중국 환시미디어그룹의 〈로스트 인 러시아〉는 틱톡을 운영하는 바이트댄스와 손잡고 동영상 플랫폼을 통해 온라인 개봉으로 전략을 바꿔 인기몰이를 했다. 발빠른 움직임으로 온라인에서 6억 회 이상 노출되는 좋은 결과를 냈다.

2) 계획보다 유연성을 우선하라

팬데믹 기간 동안 콴타스항공은 5개년 전략 계획을 과감히 포기하고 '아무도 없는 곳으로 가는 비행'이라는 오래된 아이디어를 끄집어냈다. 이 상품은 출시 10분 만에 매진되며 콴타스항공 역사상 가장 빨리 팔린 프로모션이 되었다.

3) 최적화보다 다각화를 우선하라

인도의 최대 배달 스타트업 스위기는 팬데믹 기간에 레스토랑 중심의 고객을 확대해서, 길거리 음식점 3만 6,000개를 추가하여 코로나19 이전 실적의 90%까지 끌어올릴 수 있었다.

4) 위계질서보다 권한 부여를 우선하라

선도적인 글로벌 동물약품 회사 조에티스는 팬데믹 상황에서 글로벌 45개국 법인장들에게 신제품 출시 시점을 자율적으로 결정하도록 했다. 이로써 주인의식이 높아지고 데이터에 의한 의사결정을 할 수 있었다.

5) 책임 전가보다 학습을 우선하라

인도의 중견 글로벌 IT 회사인 이밸류서브는 코로나19 당시 3,000명의 직원에게 재택근무를 시행했다. 회사는 팬데믹 기간 동안 구성원들이 학습과 적응을 할 수 있도록 보상과 인센티브를 제공했고, 반대로 업무 어젠다를 확인하는 전화를 금지했다. 이를 통해 구성원과 고객 모두에 대한 피해를 최소화할 수 있었다.

6) 리소스 종속성보다 모듈화를 우선하라

미국 미식축구 팬들이 경기장으로 음식을 배달시킬 때 사용하는 파라노이드팬(Paranoid Fan) 앱 역시 코로나 팬데믹 기간에 경기가 없어 사용자가 줄어들었다. 이때 앱 개발사 대표는 뉴욕시 푸드뱅크의 긴 대기줄을 보고 앱의 매핑과 배달 기술을 재구성하여 넵준(Nepjun)이라는 새로운 앱을 출시해 위기를 넘길 수 있었다.

애자일 조직을 만드는 6가지 원칙은 전략적 민첩성을 실행에 옮기는 것이 무엇보다 중요하다는 것을 강조한다. 월트디즈니는 팬데믹 기간에 영화관, 테마파크, 소매점의 폐쇄로 큰 손실을 보았지만 빠르게 대응했다. 테마파크를 제한적으로 개방해 비용을 최대한 절약했다. 또 디즈니플러스 스트리밍 서비스로 신속하게 사업을 집중하면서 9,000만 명 이상의 유료 가입자를 유치하고 달성하고자 했던 목표를 훨씬 초과했다.

(Leadership Insight)────────────────────●

박 팀장은 우선 애자일에 대한 정확한 개념부터 정리해 팀장 직급 이상의 리더들을 교육했다. 애자일은 과거의 워터폴(waterfall) 방식처럼 임원들이 지시한 과제를 부서마다 쪼개서 처리하는 방식이 아니라는 점을 명확히 전달했다. 과제를 해결하기 위해 소규모로 구성된 사람들이 유연하고 지속적으로 변화에 대응하는 것이 애자일 조직이다. 수직적인 소통 방식이 아니라 수평적인 조직 구조에서 고객 중심의 시장에 기민하게 대응할 수 있어야 한다.

박 팀장은 준비된 팀부터 애자일 조직을 적용해 나가기로 했다. 최고경영자의 전폭적인 지원에 힘입어 처음에는 어색하더라도 우선 시행해 나가면서 유연하게 대응하기로 했다. 애자일 팀은 '고객이 요구하는 니즈에 빠르게 대응할 수 있는가?'에 중점을 두고 의사결정을 했다. 과거에는 중요한 의사결정을 임원이 했다면 애자일 조직에서는 팀장도 결정할 수 있도록 확대했다.

또한 고객을 상대로 성과를 낸 사례를 다른 팀도 학습할 수 있도록 공유했다. 평가기간을 3개월 단위로 짧게 설정하고 리뷰를 통해 다시 재빠르게 시장에 대응했다. 그 결과 회사 전체가 서서히 애자일 조직으로 전환되었고, 6개월이 지나면서 각각의 팀들이 정도의 차이는 있으나 애자일 조직으로 움직였다. 박 팀장은 우수한 팀의 사례를 확대 전파하고 교육하기 위한 계획을 추가했다.

미국의 비즈니스 잡지 〈포브스〉에서 '애자일 방법론을 적용하기 위한 필독서'로 선정한 《조직을 민첩하고 유연하게 바꾸는 애자일 전략(Doing Agile Right)》[**]에서는 애자일을 지속적인 학습과 가치 전달에 초점을 맞춘 사고방식이라고 했다. 즉, 애자일은 한 번에 완벽하게 완성되는 것이 아니라 꾸준한 학습이 필요하고, 고객에게 가치를 전달하기 위한 생각과 행동이라는 점을 기억하기 바란다.

• Wade, M., Joshi, A., & Teracino, E. A. (2021, September 2). 6 Principles to Build Your Company's Strategic Agility. *Harvard Business Review*.

•• Rigby, D. K., Elk, S., & Berez, S. (2020). *Doing Agile Right : Transformation Without Chaos*. Harvard Business Review Press.

◇ ◇ ◇

"급변하는 시장에서 기업은 유연성과 민첩성을 가져야 한다."

_ 클레이튼 크리스텐슨(전 하버드대학교 석좌교수,《혁신기업의 딜레마》저자)

HBR
LEADERSHIP
INSIGHT

Chapter
4

조직관리

organization
management

1장

동기부여

: 팀의 목표를 이루기 위한 성장동력 :

organization
management

Harvard Business Review

업무 몰입도를 높이기 위한 '팀의 힘'

핵심 인력이었던 이 선임은 최근 몸과 마음이 모두 지쳐버렸다. 업무가 점점 늘어가면서 덩달아 책임감도 커졌고, 극심한 스트레스에 시달리고 있다. 입사할 당시만 해도 누구보다 열정적이고 빠르게 업무에 적응했지만, 지금은 30여 명의 팀원 중 하나일 뿐이라고 느껴질 정도로 자존감이 바닥을 쳤다. 이 선임은 '내가 지금 잘하고 있는 걸까?'라는 의구심을 품으며 하루하루를 버티고 있는 실정이다.

반면 다른 팀의 전 책임은 출근하는 것이 즐겁다. 늘어가는 업무에 책임감도 늘었지만 일할 때는 누구보다 활력이 넘친다. 리더와의 면담에서 그는 "팀원들이 힘을 모아 최선의 성과를 내고 있다"고 자신 있게 말했다. 신입 때는 비교적 평범했던 팀원이었지만, 지금은 업무에 완전히 몰입하고 있다.

심리적 안전감이 있으면 업무 몰입도가 올라간다

'직장 사춘기 증후군'이라는 말이 있다. 직장생활에 대한 회의감이 커져 업무에 불만을 가지는 현상을 말한다. 업무로 인한 스트레스가 커질 때 나타나며, 아침에 회사 가기가 싫어지고 노력에 비해 돌아오는 보상이 작다고 느낀다. 이러한 현상이 심해지면 '번아웃 증후군(Burnout Syndrome)'에 빠진다. 이는 정신분석학자 허버트 프로이덴버거(Herbert Freudenberger)가 만든 용어로, 극도의 정신적 피로로 인해 자신을 부정하는 상태에 이르기도 한다. 그래서 회사에 다니고는 있지만, 조직에는 속해 있지 않다는 감정이 든다.

미국에서 조직문화와 리더십을 연구하는 마커스 버킹엄(Marcus Buckingham)과 시스코 수석 부사장 애슐리 구달(Ashley Goodall)*은 "구성원들의 업무 몰입도가 떨어지는 이유는 팀의 힘이 부족하기 때문"이라고 말한다. 팀 단위로 업무를 수행하고 동료들과 매일 대화를 나누며 서로 지지해 주면 업무 몰입도는 자연스럽게 높아진다는 것이다.

2019년 갤럽과 ADP연구소에서 19개국, 1만 9,000명을 대상으로 진행한 업무 몰입도 연구에 따르면 84%의 구성원들은 기계적으로 출퇴근한다고 대답했고, 업무에 완전히 몰입한다고 응답한 비율은 16%에 불과했다. 구성원의 대다수가 직장 사춘기 증후군이나 번아웃 증후군에 빠질 확률이 높다는 뜻이다. 또한 팀에 소속된 구성원(팀 단위 업무를 수행하며 팀 안에서 심리적 안전감을 느끼는 경우)과 그렇지 않은 구성원의 업무 몰입도는 2배 이상 차이가 났다. 그만큼 팀의 힘이 업무 몰입에 미치는 영향이 크다는 뜻이다.

구성원들의 업무 몰입도를 높이기 위해서는 심리적 안전감 속에서 업무를 수행할 수 있는 환경이 조성되어야 한다. 단독 업무보다 팀 단위 업무를 수행하고, 적극적인 소통을 통해 서로 신뢰할 수 있는 분위기를 만들면 팀의 힘이 높아진다.

Leadership Insight ─────────────────────────────●

팀의 힘을 키우기 위해서는 리더와 팀 구성원이 자신의 위치와 역할을 충분히 이해해야 한다. 하지만 그러한 팀 분위기를 만드는 것은 그리 간단치 않다. 그래서 리더의 역할이 중요하다. 리더십 베스트셀러 작가 존 맥스웰(John C. Maxwell)**의 《팀워크를 혁신하는 17가지 불변의 법칙》에 따르면 자기 분야에서 최고의 팀을 만든 리더들도 성공을 재현하는 데는 많은 어려움을 겪는다고 한다. 그만큼 팀의 힘을 높이기가 쉽지 않은 것이다.

ADP연구소의 조사 결과, 구성원의 업무 몰입도를 높이기 위해 가장 중요한 것은 '팀의 힘'이다. 팀은 개인과 조직의 니즈를 함께 충족할 수 있는 중요한 메커니즘이다. 그렇기에 리더는 팀 구성원을 제대로 이해하고 서로 신뢰를 쌓아야 한다. 그것이 조직의 업무 몰입도와 성과로 이어지기 때문이다. ADP연구소는 최고의 팀을 만들기 위해 다음 4가지 인사이트를 제안한다.

1) 구성원의 신뢰가 가장 중요하다

높은 성과를 내는 팀과 그렇지 않은 팀의 차이는 리더에 대한 구성원들의 신뢰이다. 팀의 신뢰를 높이기 위해서는 팀이 개인에게 기대하는 것과 개인이 팀에게 기대하는 것이 무엇인지 명확히 알아야 한다. 평범한 팀원이었던 전 책임이 높은 업무 몰입도를 보이며 성과를 낼 수 있었던 이유도 팀에 대한 신뢰가 높았기 때문이다.

2) 가벼운 관심이 팀의 힘을 높인다

팀의 힘을 높이기 위해서는 리더가 구성원들의 강점은 무엇인지, 최근의 감정 상태는 어떤지 아는 것도 중요하다. 이처럼 리더의 작은 관심이 구성원들의 창의성, 회복탄력성, 업무에 대한 의지와 성과에 긍정적인 영향을 끼친다.

3) 팀이 속한 물리적 환경보다 팀 경험이 더 중요하다

성과를 내는 팀을 구축하기 위해서는 구성원들이 서로 좋은 관계를 맺고 팀으로 성공한 경험이 필요하다. 하버드경영대학원 교수 보리스 그로이스버그(Boris Groysberg)[***]의 흥미로운 연구 결과가 이를 뒷받침한다. 최고의 성과를 내던 팀원 한 명이 부서를 옮긴 경우에는 좋은 성과를 내기가 쉽지 않지만, 팀이 함께 부서를 이동한 경우에는 놀라운 성과를 보였다.

우리나라에서는 일반적인 사례가 아니지만 한 회사 내에서 대대적인 조직개편이 필요한 경우 팀 단위 또는 그룹 단위의 부서 이동이 개인별 이동보다 성과 목표를 달성하는 데 더 효과적일 수 있다. 물리적 환경 요인보다 팀 경험이 업무 몰입도와 성과를 내는 데 더 중요하기 때문이다.

4) 서로의 강점을 배우고 적용하면 업무에 더욱 몰입할 수 있다

장기적으로 높은 성과를 내기 위해서는 팀의 역할과 개인의 강점이 조화를 이뤄야 한다. 이를 위해 서로의 강점을 배우고 실무에 적용하는 것이 중요하다. 구성원 개개인은 다른 동료의 강점에 초점을 맞춰 팀의 역량을 능동적으로 강화할 수 있다. 또한 서로의 강점을 알면 개인과 팀의 약점도 파악할 수 있다. 이러한 과정을 통해 팀이 일하는 방식에서 어떤 부분에 문제가 있는지 판단할 수 있고, 이를 해결하여 구성원들의 동기를 부여하면서 업무 몰입도를 높일 수 있다.

• Buckingham, M., & Goodall, A. (2019, May 14). The Power of Hidden Teams. *Harvard Business Review*.

•• Maxwell, C. J. (2013). *The 17 Indisputable Laws of Teamwork:Embrace Them and Empower Your Team*. HarperCollins Leadership.

••• Groysberg, B., Lee, L. E., & Nanda, A. (2008). Can they take it with them? The portability of star knowledge workers' performance. *Management Science*, 54(7), 1213-1230.

Harvard Business Review

가면 증후군을 겪는 팀원을 관리하는 방법

오 팀장은 대기업에 근무하는 유능한 리더다. 올해 상반기 실적도 목표치를 상회했는데, 이러한 결과는 모두 뛰어난 팀원들 덕분이라고 생각한다. 어느 날 팀원 중 한 명인 김 과장이 찾아와 조심스럽게 물었다.

"저, 팀장님. 드릴 말씀이 있습니다."

평소 업무 평점이 높을 뿐 아니라 과장으로 진급 후 더욱 열심히 일하는 팀원이었기에 오 팀장은 웃으며 답했다.

"네, 말씀하세요. 무슨 일이죠?"

"새로 맡은 업무를 수행하기가 벅찹니다. 물론 팀장님과 팀원들이 저를 좋게 평가해 주시는 점은 감사합니다만, 승진하고 나서 맡은 일들을 수행하기가 무척 힘드네요. 다른 팀원들은 업무 능력이 뛰어난데, 저는 야근을 해야 겨우 마무리할 수 있거든요."

"누구나 새로운 업무를 맡으면 그런 기분이 들지요. 나는 오히려 김 과장의 그런 점이 책임감 있게 느껴지는데요."

그런데 김 과장의 표정은 더 어두워졌다.

"팀장님, 죄송하지만 저는 몇 개월 동안 회사에 어울리지 않는다는 느낌을 많이 받았어요. 다들 열심히 달리는데, 저만 걷고 있는 느낌이었습니다. 어떻게 하면 좋을까요?"

"그럼 일단 팀 내 업무를 이번 분기에 한해 수평적으로 조정해 줄게요. 마음의 안정을 찾으면서 함께 해결책을 찾아보는 건 어떨까요?"

"알겠습니다, 팀장님. 감사합니다."

하지만 오 팀장이 업무를 조정해 주며 배려해 주었지만, 김 과장은 몇 달 후 조직을 떠났다.

가면 증후군을 관리하는 3가지 접근법

'가면 증후군'은 자신이 다른 사람들의 평가처럼 뛰어나지 않다고 여기며 주변인들을 속이고 있는 것 같아 불안해하는 심리를 말한다. 한마디로 자신을 사기꾼이라고 생각하는 '임포스터 증후군(Impostor Syndrome)'이다. 이러한 사람들은 타인의 평가에 두려움을 느끼고 자기 능력을 평가절하하며 실수나 실패를 두려워한다.

네바다대학교 경영학과 부교수 리처드 가드너(Richard Gardner)와 브리검영대학교 메리어트경영대학 부교수 제프 베드나(Jeff Bednar)˙는 가면 증후군을 겪는 구성원들의 감정을 완화하고 자신감을 높여 주기 위한 3가지 접근법을 제시했다.

1) 구성원들은 이미 가면 증후군의 신호를 보내고 있다

표면적으로 드러난 구성원들의 성과는 뛰어날지 몰라도 실제 상황은 다를 수 있다. 구성원들이 매일 야근을 하거나 업무는 계속 쌓이는데 속도는 더디지 않은지 살펴보자. 불필요한 업무 습관이 쌓이는 것은 해당 구성원이 가면 증후군을 겪고 있다는 신호이다.

2) 객관적인 성과 피드백이 필요하다

자신을 다른 사람들과 비교하다 보면 불안감이 생기는데, 이때 주관적인 평가 기준으로 자신을 평가절하하게 된다. 리더는 이러한 구성원들의 성과에 대해 객관적인 기준으로 피드백하는 것이 좋다.

3) 불안한 감정을 공유할 수 있는 상황을 만든다

팀 구성원이 동료들과 리더에게 불안한 감정을 공유하기란 쉽지 않다. 이때 친분이 있는 사람들이 먼저 다가가 가면 증후군으로 느끼는 것들이 지극히 정상적인 현상임을 알려주고 공감해 주자.

Leadership Insight ──────────────────────●

조직 내에서 구성원들이 갖는 심리적 안전감은 회사의 혁신과 성장에 필수적인 요소이다. 심리적 안전감이 있으면 구성원들이 자신의 감정과 생각을 편하게 표현할 수 있기 때문이다. 하버드경영대학원 교수 에이미 에드먼드슨(Amy C. Edmondson)**은 "조직에서 학습, 혁신 및 성장을 위해 심리적 안전감을 조성하는 것은 무엇보다 중요하다."고 말한다. 이처럼 팀의 구성원이 실수하거나 솔직한 의견을 말해도 안전하다고 느끼는 조직문화를 만들려면 무엇보다 리더의 노력과 관심이 필요하다.

오 팀장은 김 과장과 같은 사례를 방지하기 위해 남은 팀원들을 독려하고 주의 깊게 살펴봐야 한다. 가면 증후군이 엿보이는 팀원들에게는 다음과 같은 방법들을 적용해 보자.

우선 업무가 쌓여 야근을 계속하는 팀원이 있다면 1대1 면담을 통해 팀원의 성장을 위한 열정 때문인지, 불안한 감정을 숨기거나 보상받으려고 업무시간을 늘리는지 파악한다.

가면 증후군이 의심되는 팀원은 주관적인 기준에 따라 자신을 남들과 비교하며 불안해하고 있을 것이다. 자칫 제2의 김 과장이 될지도 모른다. 이때 팀장은 객관적 데이터로 해당 팀원을 설득할 필요가 있다. 팀원의 KPI(핵심성과지표)를 근거로 성장했음을 보여 주고 성공을 내면화할 수 있도록 도와주어야 한다.

팀원들이 자신의 불안감을 팀장에게 공유하는 것도 필요하다. 이때 '조해리의 창(Johari's Window)' 이론을 통해 해결책을 고민해 볼 수 있다. 이는 심리학자 조셉 루프트(Joseph Luft)와 해리 잉햄(Harry Ingham)이 만든 것으로, 사람들이 자신과 타인의 관계를 정확하게 이해하기 위해 고안된 것이다. 조해리의 창은 4가지 영역으로 구분되는데, 자신과 타인이 모두 정보를 공유하는 '공개 영역(Open Area)', 자신만 정보를 알고 있는 '비밀 영역(Hidden Area)', 타인만 정보를 알고 있는 '맹인 영역(Blind Area)', 자신과 타인 모두 인지하지 못하는 '미지 영역(Unknown Area)'이다.

팀원들이 서로 개인적인 정보를 주고받으며 의사소통을 하는 분위기를 만들기 위해서는 '공개 영역'을 확장해야 한다. 물론 이러한 분위기는 단시간에 만들어지지 않는다. 팀장이 먼저 팀원들에게 관심을 보이면 팀원들의 '비밀 영역' 중 일부를 '공개 영역'으로 이

조해리의 창

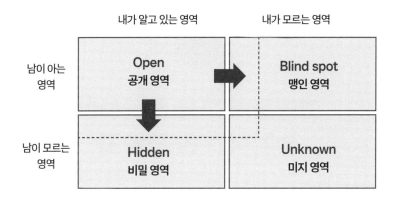

내가 알고 있는 영역　　내가 모르는 영역

남이 아는
영역

Open
공개 영역

Blind spot
맹인 영역

남이 모르는
영역

Hidden
비밀 영역

Unknown
미지 영역

동시킬 수 있을 것이다. 이러한 분위기를 함께 만들어가다 보면, 해당 팀원들은 불안한 감정까지 편하게 공유할 수 있다. 그러면 팀장과 다른 팀원들은 해당 감정을 서로 공감해 주고 어려운 상황을 이겨내도록 도와줄 수 있다.

　조직 내에서 업무를 수행하다 보면 누구나 겉으로 드러나지 않는 슬럼프를 겪는다. 특히 가면 증후군은 공유하지 않으면 해결하기가 쉽지 않다. 개방적으로 소통하는 조직을 만들면 팀원들이 불안한 감정을 솔직하게 공유할 수 있고, 리더의 피드백을 통해 심리적 안전감을 얻을 수 있다.

· 　Gardner, R., & Bednar, J. (2022, October 8). 4 Ways to Combat Imposter Syndrome on Your Team. *Harvard Business Review*.

·· 　Edmondson, C. A. (2018). *The Fearless Organization: Creating Psychological Safety in the Workplace for Learning, Innovation, and Growth*. Wiley.

다양한 욕구를 활용하여 능동적인 팀 만들기

오 사원은 반복적인 업무에 의욕이 떨어져 일에 몰두하기가 힘들다. 일에 집중하기 위해 긍정적 사고와 회복탄력성에 관한 책도 읽고 세미나도 참석했지만, 여전히 일에 흥미가 나지 않고 사소한 일에도 지친다.

1년 전만 해도 오 사원은 이런 모습이 아니었다. 새로운 업무에 적응하기 위해 야근을 불사하며 즐겁게 일했다. 프로젝트를 마칠 때마다 자신이 한 단계 성장했음을 느꼈고, 자신의 분야에서 커리어를 쌓아가고 있다는 생각에 만족했다.

하지만 지금은 1년 전보다 업무량이 많은 것도 아닌데, 왜 매너리즘에 빠졌는지 스스로 의문이다. 조직생활에서 연차가 쌓이다 보면 자연스럽게 나타나는 현상일까?

팀장은 어떤 방법으로 오 사원에게 동기부여를 할 수 있을지 고민이다.

구성원들의 4가지 욕구를 활용하자

구성원에 대한 동기부여는 항상 리더의 고민이자 숙제이다. 어떤 환경에서도 재미있게 일하는 '일잼러'만 있다면 고민이 없겠지만 현실은 그렇지 않다. 구성원들이 일을 할 때 중요하게 여기는 것이 성취감인데, 이 부분이 충족되지 못하면 의욕이 떨어지게 된다. 이때 리더가 성취감을 높일 수 있는 적절한 과제와 역할을 부여한다면 일에 대한 의욕이 생길 것이다. 성취 외에도 구성원들은 소속, 인정, 방어 등 다양한 욕구를 지니고 있다. 따라서 리더가 효과적으로 동기부여를 하기 위해서는 구성원들이 각각 어떤 욕구를 중시하는지 알아야 한다.

하버드경영대학원 교수 니틴 노리아(Nitin Nohria)와 린다-엘링 리(Linda-Eling Lee)는 포춘 선정 500대 기업 중 300개 기업을 대상으로 구성원들의 동기부여를 위한 다양한 감정적 필요와 욕구를 연구했다. 그 결과 구성원들의 욕구에 맞는 대응방법을 찾아냈다.

1) 성취 욕구

사람들은 노력을 통해 새로운 것을 획득해서 행복감을 느끼고자 하는 욕구가 있다. 이러한 성취욕은 금전이나 의식주와 같은 유형적 요소, 승진이나 휴가와 같은 무형적 요소 등 다양한 부문에서 영향을 받는다. 특히 성취 욕구를 채우는 것은 상대적이기 때문에 사람들은 남들과 비교하려고 한다. 따라서 성취 욕구가 강한 구성원들에게는 성과에 따른 명확한 보상 시스템을 마련할 필요가 있다.

2) 소속 욕구

인간은 조직, 국가 등 광범위한 집단에 소속되고자 하는 욕구가 있다. 이러한 욕구가 충족될 때 조직에 대해 강한 자부심을 느끼고, 그렇지 않으면 외롭고 의욕이 떨어진다. 따라서 소속 욕구가 강한 구성원들에게는 협력과 팀워크를 중시하는 조직문화가 중요하다. 이 경우 팀 단위 프로젝트 수행, 워크숍, 협업에 대한 우수 사례를 공유하는 것이 효과적이다.

3) 인정 욕구

선천적으로 사람은 자신의 존재 이유에 대한 확신이 필요하다. 식욕과 수면욕이 생존을 위한 생리적 욕구라면, 인정 욕구는 자신의 존재 가치를 확립하기 위한 심리적 욕구이다. 팀 단위로 업무를 수행하는 조직이라면 이러한 욕구는 더욱 커진다. 인정 욕구가 강한 구성원들에게는 리더가 그들의 협력과 성과를 공개하고 적절히 칭찬하고 보상해 주어야 한다.

4) 방어 욕구

누구나 자신이 소유한 것과 관계 등을 유지하거나 보호하려는 본능이 있다. 이러한 방어 욕구가 충족되면 안정감이 들고 동료들과 신뢰가 형성된다. 그런데 구조조정 등 방어 욕구를 크게 저해하는 상황이 발생하면 불안감, 분노, 공포 등을 느낀다. 이러한 욕구가 강한 구성원들에게는 조직 내 프로세스의 공정성을 강조하고 투명한 보상을 통해 신뢰를 구축할 필요가 있다.

(Leadership Insight)────────────────────────●

사람들은 다양한 니즈를 가지고 있다. 그래서 동기부여가 되는 요소들도 다양하다. 뉴욕타임스 베스트셀러 작가인 다니엘 핑크(Daniel Pink)**는 "21세기를 살아가는 사람들은 자신이 언제, 어떻게, 무엇을 할지 결정할 수 있을 때 큰 동기부여를 얻는다."고 말한다. 예전처럼 외부 보상과 처벌에 의한 동기부여가 작용하던 시절은 지난 것이다. 따라서 조직을 이끄는 리더는 구성원들이 어떤 욕구를 가지고 있고 무엇을 원하는지 살펴봐야 한다. 그래야 그들에게 동기부여를 할 수 있다.

구성원들에 대한 동기부여는 실질적인 성과로 이어지기 때문에 조직의 중요한 숙제이다. 그렇다고 연봉 인상 등의 직접적인 조치가 유일한 해답은 아니다. 어떤 부분에서는 물질적인 요소보다 심리적인 욕구 충족이 더 중요하다. 얼마를 받느냐보다 얼마나 만족스럽게 일하느냐가 중요한 시대가 된 것이다. 이는 인크루트의 2010년과 2021년 직장인 대상 설문조사에서 '근무환경'의 중요성이 11%에서 35.2%로 상승한 것을 통해서도 알 수 있다.

사람마다 중요하게 생각하는 욕구가 따로 있다. 성취, 소속, 인정, 방어 등 우선순위가 각각 다를 것이다. 따라서 구성원들의 다양한 욕구를 파악하여 능동적인 팀을 만들기 위해서는 조직과 리더 모두가 노력해야 한다. 이때 구성원들의 욕구를 잘 파악하려면 1대1 면담과 코칭 등을 통해 직간접적인 대화가 필요하다. 워크숍을 통해 서로의 욕구 순위를 파악하는 시간을 가지는 것도 좋은 방법이다. 조직 차원의 동기부여 시스템을 구축을 위해서는 구글의 사례를 참고해 볼 수 있다. 6,000명 이상의 구글러들이 자발적으로 참여해 서로 교육하는 'G2G 프로그램', 근무시간의 20%는 원하는 업무에 쓸 수 있는 '20% 제도', 동료들끼리 공개적으로 성과를 칭찬하는 'gThanks 시스템' 등이 있다.

만족스러운 직장생활이 되려면 나 자신부터 무엇을 좋아하는지 알아야 한다. 오 사원이 과거에 어려운 과제를 수행하면서 성취 욕구를 충족할 수 있었던 것처럼 말이다. 욕구가 충족되지 않아 의욕이 떨어져 보이는 구성원을 발견했다면, 리더는 솔루션에서 제시한 4가지 욕구를 확인하고 구성원들에게 어떻게 동기부여할 것인지를 고민하고 적용해 보자. 리더의 이러한 노력은 '일잼러'가 많은 능동적인 팀을 만드는 원동력이 될 것이다.

- Nohria, N., Groysberg, B., & Lee, L. (2008, July-August). Employee Motivation : A Powerful New Model. *Harvard Business Review*.
- Pink, H. D. (2011). *Drive : The Surprising Truth About What Motivates Us.* Riverhead Books.

팀원을 움직이는
동기부여 전략

10명의 팀원을 이끌고 있는 박 팀장은 팀의 효율성과 성과를 위해 업무 상황과 정보를 항상 팀원들에게 공유한다. 하루는 김 대리에게 신제품 온라인 마케팅과 관련된 내용을 '공유'하고자 회의실로 불렀다.

"김 대리, 지난번에 온라인 마케팅을 A대행사에서 진행했는데, 자연을 주제로 한 아이디어가 반응이 좋아서 예상 매출 대비 15% 초과 달성했습니다. 관련 내용을 메일로 보내놨으니 이번 신제품 온라인 마케팅 전략에 참고하세요."

"감사합니다, 팀장님. 해당 내용을 참고해서 준비하겠습니다."

며칠 후 모두가 모인 회의에서 온라인 마케팅 내용을 정리하고 발표하는데, 김 대리는 해당 내용을 정말 '참고'만 했다. 박 팀장은 김 대리가 자신의 의도를 파악하고 이해당사자들과 적극적인 소통을 할 것이라고 기대했는데, 원하는 만큼의 진척이 전혀 없었다.

박 팀장은 눈치가 없는 김 대리를 보니 직접적으로 지시를 해야 했나 싶다.

구성원을 설득하는 리더의 한마디

어느 조직에서나 팀을 이끄는 리더는 성과를 올리기 위해 많은 고민을 한다. 빠른 성과 달성을 위해 구성원들에게 자신의 경험을 공유하거나 직접적인 솔루션을 제공하기도 한다. 리더십 전문가 더글라스 코넌트(Douglas Conant)는 "간단한 소통의 방법으로도 구성원의 생각을 바꿔서 행동하게 만들 수 있다."고 말한다. 리더가 구성원의 성향에 따라 문자, 이메일, 전화, 대면, 회의 등 다양한 방식으로 소통을 할 때 평소에 쓰는 단어 하나만 바꿔도 구성원들의 마음을 움직일 수 있다는 것이다.

커뮤니케이션 전문가 조엘 슈월츠버그(Joel Schwartzberg)[•]는 리더가 의도한 바를 구성원들에게 정확하고 설득력 있게 전달하는 3가지 언어적 기술을 제안한다.

1) 공유보다 '제안'하기

팀워크와 목표달성을 위해서는 공유하는 문화가 필요하다. 이때 리더는 구성원이 공유받은 내용을 직관적으로 이해하기 바라지만, 실상은 그렇지 않을 때가 많다. 그래서 '공유'보다 나은 것이 '제안'이다.

"더 나은 마케팅을 위해 해당 캠페인을 제안합니다."

"다양한 고객 니즈를 만족시킬 수 있는 아이디어를 추천합니다."

리더의 언어 중 구성원들을 움직이는 말은 '공유'보다 '제안' '추천' '권고' '제의'이다. 명령이 아니므로 부드럽게 직접적으로 전달되어 행동을 이끌 수 있다.

2) '그리고' 줄이기

우리는 어떤 주장에 세부적인 요소를 추가하기 위해 '그리고'와 '~하고' 등을 자주 사용한다. 이러한 화법의 장점은 더 많은 정보를 제공할 수 있다는 것이다. 그러나 책임자의 위치에 있는 리더의 소통에서는 세부적인 정보가 핵심을 분산시켜 리더가 의도한 바를 구성원에게 제대로 전달하지 못할 수도 있다. 따라서 리더의 의도가 효과적으로 전달되려면 서술어와 내용을 줄이는 것이 좋다.

3) 자주 사용하는 '동사 단어' 바꾸기

리더의 언어는 구성원의 행동을 변화시키는 힘이 있어야 한다. 뇌가 그 단어를 시각적·청각적으로 인식하여 생각과 행동을 준비하기 때문이다. 특히 비즈니스 대화에서는 능동적이고 행동 지향적인 단어를 사용하는 것이 좋다. 예를 들어 '목표달성'보다 '성취'라는 단어를 사용해 보자. 목표달성은 당사자의 의도와 관계없이 달성했을 가능성을 내포하지만, 성취는 당사자의 노력에 의한 직접적인 결과로 더욱 능동적인 표현이다. 이외에도 '직면'보다 '극복'을, '반응'보다 '대응'을, '문제'보다 '조치'라는 단어를 활용해 보자.

구성원들의 성장을 돕기 위해 리더는 다양한 피드백을 전달한다. 이때 솔직한 피드백을 하려면 구성원들 간에 신뢰가 있어야 한다. 컨설팅기업 캔더의 CEO 킴 스콧(Kim Scott)[**]은 "구성원들이 서로의 부족한 부분을 자연스럽게 공유할 수 있는 문화를 만들면 조직도 자연스럽게 성장하고 발전할 수 있다."고 말한다.

구성원들이 부족한 부분을 터놓고 얘기하려면 리더는 언어 기술을 활용해 구성원들의 동기부여를 적극적으로 끌어내야 한다. 즉, 효과적인 소통을 위해 명확하지만 부드럽게 제안하기, 서술어와 내용을 줄여 핵심만 전달하기, 능동적이고 행동 지향적인 동사 활용하기 등이 그것이다. 이러한 언어 기술이 쌓이면 구성원들도 마음을 열고 리더의 말에 귀 기울일 것이다.

평소 소통에 문제가 있었다면 앞서 제안한 3가지 언어적 기술을 대화에 적용해 보자. 리더에 대한 구성원들의 마음과 행동을 변화시키고 능동적인 팀 분위기를 만드는 데 도움이 될 것이다.

•   Schwartzberg, J. (2021, April 13). Find the Right Words to Inspire Your Team. *Harvard Business Review*.

••   Scott, K. (2017). *Radical Candor: Be a Kick-Ass Boss Without Losing Your Humanity*. St. Martin's Press.

◇ ◇ ◇

"오늘날 성공적인 리더십의 핵심은 권력이 아니라 영향력이다."

_ 켄 블랜차드(코넬대학교 명예교수,《리더의 조건》저자)

2장

변화관리

: 불확실한 시대의 필수 과제 :

Harvard Business Review

변화를 이끄는
리더의 역할

A병원은 코로나19 바이러스의 확산으로 인해 환자가 급감했다. 병원의 운영관리를 맡고 있던 김 팀장은 비대면 진료와 원격협업시스템을 도입하기로 했다. 팀원들과 의견을 모아 알맞은 시스템을 새로 만들고 싶었으나 시간이 부족했다. 그래서 우선 병원 전산 관리자들과 협의해 원격으로 소통하는 기능을 추가하고, 비대면 진료를 위한 업무 지침을 만들었다.

모든 내용을 공문으로 정리해 팀원들에게 전달하고 새로운 시스템에 적응하도록 했지만, 팀원들이 생각만큼 따라주지 않았다. 팀원 중 일부는 코로나19에 감염되어 재택근무를 해야 했는데, 원격 협업에 따른 성과가 기대보다 낮았다. 몇몇 팀원들은 새로운 비대면 시스템이 사용하기 어려워 이전보다 업무 수행이 불편하다고 토로했다.

시스템을 마련하고 지시사항도 명확하게 전달했는데 성과를 달성하기 힘든 이유는 무엇일까?

상호 연결을 위한 리더의 3가지 역할

조직은 급변하는 환경에 적응해야만 살아남는다. 조직이 변화에 적응하면서도 성과를 높이기 위해서는 인재선발, 고객관리, 시장분석, 기술개발, 정책반영 등 리더가 고려해야 할 것들이 많다. 하지만 리더가 조직 내 변화의 필요성과 새로운 업무의 방향성을 설득하여 구성원들이 스스로 변화에 적응하고 성과를 내기는 결코 쉬운 일이 아니다. 사람은 기본적으로 변화에 대해 크고 작은 저항감을 가지기 때문이다. 따라서 능동적인 변화관리를 위해서는 업무의 방향성과 시스템 도구 향상 외에 구성원들의 저항을 낮출 수 있는 리더의 역할이 필요하다.

하버드경영대학원 경영학 교수 린다 힐(Linda Hill)과 에밀리 테다즈(Emily Tedards), 칼 웨버(Karl Weber)*는 "리더가 구성원들을 능동적으로 변화시키기 위해서는 설계자, 연결자, 촉진자의 3가지 역할을 담당해야 한다."고 말한다.

1) 설계자

리더는 인재개발, 조직구조, 업무운영 모델, 시스템 도구 등을 혁신하기 위해 비전과 목표를 시간의 흐름에 맞게 계획하고 설계하는 역할을 해야 한다. 이를 위해서는 리더와 구성원 모두의 창의성이 필요한데, 리더는 소통을 막는 구조적 장벽을 허물고 변화를 돕는 사고방식과 행동을 제시해야 한다. 이외에도 구성원들의 공감 능력과 회복탄력성을 높이기 위한 노력이 필요하다.

2) 연결자

조직 내에서 변화를 장려하고 새로운 업무를 부여하기는 쉽지 않다. 특히 외부의 이해관계자와 협력하는 것은 더욱 어렵다. 그래서 리더는 조직 내부와 외부의 다양한 이해관계자들을 효율적으로 연결해야 한다.

3) 촉진자

리더는 구성원 개개인과 집단이 창의적으로 협력할 수 있도록 촉진해야 한다. 핵심 인재들을 격려하고, 필요하면 새로운 권한도 부여한다. 특히 부서 간 협력에는 상호의존성이 존재하는데, 다른 부서의 협력을 얻기 위해 일정 부분은 상대가 원하는 방식으로 일할 준비가 되어 있어야 한다. 촉진자로서 가장 중요한 역할은 변화되는 사항들을 모니터링하고 개선할 점을 지속적으로 반영하는 것이다.

Leadership Insight

리더의 고민거리가 많아진 시대이다. 변화에 능동적으로 대응하기 위해 리더는 급변하는 상황을 인지하고 구성원들을 설득해야 한다. 솔루션에서 제시한 설계자, 연결자, 촉진자의 3가지 역할도 수행해야 한다. 하버드경영대학원 교수 존 코터(John P. Kotter)**는 리더의 성공적인 변화관리에 대해 "조직이 변화를 통해 새로운 목표를 달성하려면 리더는 성과를 내던 팀원이 '변화관리 8단계 모델' 중 어떤 단계에서 탈선하는지 파악해야 한다."고 말한다. 리더가 구성원의 상황을 판단하여 올바른 변화 조치를 시행해야 처음에 계획했던 변화 단계별 목표를 달성할 수 있다는 것이다.

리더에게 변화관리는 급변하는 환경에서 살아남기 위해 꼭 필요한 역량이다. 조직의 성과를 높이고, 구성원들의 동기부여와 몰입도를 끌어올리는 데도 필요하다. 변화를 통해 새로운 기술이나 방법을 도입하고, 구성원은 새롭게 도전할 기회를 얻는다. 그 결과 고객의 새로운 니즈를 충족하고, 조직의 역량을 강화할 수 있다.

존 코터의 변화관리 8단계 모델을 보면, 리더가 어떤 방향성을 가지고 변화를 이끌어야 할지 이해하고 적용해 볼 수 있다. 먼저 긴박감 조성을 통해 변화를 추진하기 위한 팀을 구성한 뒤, 변화에 대한 비전을 설정한다. 그리고 모든 소통 채널을 활용해 비전을 구성원들에게 전달하고, 능동적인 행동을 유발하기 위해 권한을 위임한다. 특히 단기성과를 위한 계획을 수립하고, 달성한 후에는 만족으로 끝내는 것이 아니라 더 높은 과제에 도전한다. 이러한 과정을 통해 구성원들의 일하는 방식이 바뀌고 조직문화로 정착되면 비로소 변화에 성공한 것이다.

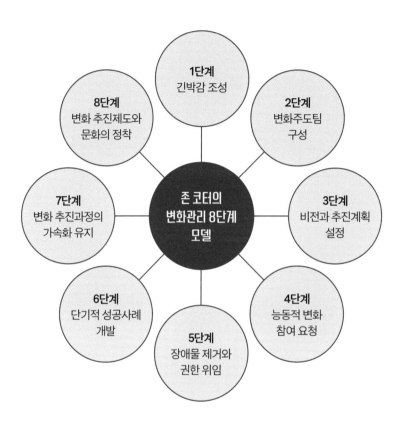

존 코터의
변화관리 8단계
모델

1단계
긴박감 조성

2단계
변화주도팀
구성

3단계
비전과 추진계획
설정

4단계
능동적 변화
참여 요청

5단계
장애물 제거와
권한 위임

6단계
단기적 성공사례
개발

7단계
변화 추진과정의
가속화 유지

8단계
변화 추진제도와
문화의 정착

김 팀장은 리더의 3가지 역할과 구성원들의 역할 변화에 대한 8단계 모델을 분석하지 못했기에 적절한 시스템과 명확한 지시에도 성과를 내지 못했다. 조직 내에서 변화를 좋아하는 사람은 많지 않다. 변화관리를 위해 리더가 먼저 해야 할 일은 변화의 필요성과 목표를 구성원들에게 명확히 전달하는 것이다. 그들이 스스로 변화의 필요성과 목표를 이해해야 능동적으로 동참할 수 있다. 리더는 목표 전달 외에도 설계자, 연결자, 촉진자 역할도 해야 한다. 그리고 필요할 경우 구성원들에게 적절한 교육 훈련의 기회를 제공해야 한다.

이와 함께 리더는 스스로 변화에 대한 긍정적인 태도와 솔선수범하는 모습을 보여주어야 한다. 리더가 변하고 구성원들이 변화에 적극적으로 동참하면 급변히는 환경에서도 흔들리지 않고 잘 대처하여 조직의 성과를 달성할 수 있다.

• Hill, A. L., Tedards, E., Wild, J., & Weber, K. (2022, September 19). What Makes a Great Leader?. *Harvard Business Review*.

•• Kotter, P. J. (2012). *Leading Change, With a New Preface*. Harvard Business Review Press.

Harvard Business Review

변화관리를 위한
리더의 상황별 접근법

유통 업무를 담당하고 있는 유 팀장은 '디지털 혁신 기술 도입 프로세스'에 대한 회의를 소집했다. 팀원들은 회의가 시작되자 모두 침묵했다. 아무래도 조직 내 큰 변화를 예고하는 회의이다 보니 팀원들의 걱정이 많아 보였다. 업무 개선에 대한 의견을 물었지만, 누구 하나 명확하게 대답하지 않았다.

유 팀장은 변화에 대한 팀원들의 적극적인 참여와 동의를 구하고 프로세스 도입에 대한 방향성을 모색하려 했지만 팀원들은 눈치 보기에 급급했다.

어떻게 해야 수동적인 분위기를 벗어나 능동적인 변화를 만들 수 있을까?

변화에 대응하는 4가지 접근법

리더는 상황의 변화에 따라 이떤 부분을 우선순위로 둘 것인지 살펴봐야 한다. 우선 구성원들의 마음을 잘 살핀 뒤(Mindfully), 상황에 맞는 다양한 옵션을 제시하고(Options), 강점과 약점이 무엇인지 고민한 후 유리한 부분을 입증하고(Validate), 이해관계자들의 능동적인 참여를 이끌어야 한다(Engage). 이를 리더의 'MOVE(Mindfully, Options, Validate, Engage)'라고 한다.

리더십 및 전략 코치 데이비드 노블(David Noble)과 하버드대학교 의과대학 교수 캐럴 카우프만(Carol Kauffman)˙은 다양한 변화에 대응하는 4가지 접근법을 활용하여 리더가 실시간 소통을 통해 알맞은 방향성과 최적의 해결책을 찾는 방법을 소개한다.

1) 뛰어들기(Lean In)

변화의 상황을 인식하고 적극적으로 해결하고자 하는 리더의 접근법이다. 리더는 특정 상황이 닥쳤을 때 직접 맞서거나 특정 사안을 결정해 구성원들에게 지침을 내린다. 이때 주의할 점은 리더가 단순히 결정을 내리는 것에만 집중하지 말고, 구성원들의 참여와 협력을 이끌어 변화해야 한다는 점이다. '뛰어들기'를 적절하게 활용하면 변화에 대한 구성원들의 저항을 줄이고, 성과를 위해 다음 단계로 나아갈 수 있다.

2) 물러서기(Lean Back)

특정 상황을 제대로 분석하기 위해 먼저 관찰하고 정보를 수집하는 리더의 접근법이다. 리더는 구성원들의 의견을 듣거나 데이터를 분석하는 과정을 먼저 하고, 직접적인 결론은 나중으로 보류한다. 이를 위해 리더는 어떤 방식으로 데이터를 수집하고 분석할지 사전에 고민해야 한다. '물러서기'는 변화에 대한 유연성을 높이고 새로운 아이디어를 창출할 수 있도록 돕는다.

3) 의지하기(Lean With)

구성원이나 이해관계자들과 협력하는 접근법이다. 상대방의 말에 경청하고, 변화에 따른 감정에 공감하며, 필요한 경우 코칭을 통해 능동적인 변화를 이끈다. '의지하기'는 조직의 다양성이 큰 경우에 효과적이며, 조직의 변화에 대한 포용성을 높이는 데 도움이 된다.

4) 기대지 않기(Don't Lean)

특정 상황이 닥쳤을 때 새로운 해결책을 떠올리기 위해 리더가 잠재의식 공간을 활용하여 스스로 고민하는 접근법이다. 여기서 잠재의식 공간이란 인간의 무의식과 의식 사이의 정신적 영역이다. 명상 등의 방법을 통해 특정 문제를 시각화할 수 있는 영역이기도 하다. 리더는 해당 문제를 명확히 하기 위해 '물러서기'를 활용해 정보를 수집한 후 '기대지 않기'를 적용할 수도 있다. 이때 리더는 차분한 호흡을 통해 감정을 가라앉히고 심사숙고한 후 아이디어를 시각화하여 해결책을 떠올린다. 이러한 과정을 통해 리더 스스로 변화에 대한 이해를 높이고, 알맞은 방향과 해결책을 명확히 정할 수 있다.

Leadership Insight

　변화의 시기에는 조직에서 원하는 성과를 예측하거나 달성하기 어렵다. 목표달성을 저해하는 팀의 역기능이 활성화되기 때문이다. 컨설팅기업 더테이블그룹의 창립자 패트릭 렌시오니(Patrick Lencioni)**는 "조직 내 변화가 필요한 상황에서는 팀의 역기능을 특히 주의해야 한다."고 말한다.

　역기능의 5가지 요소는 '신뢰의 부재' '갈등에 대한 두려움' '헌신의 부족' '책임 회피' '결과에 대한 무관심'이다. 게다가 해당 요소들은 서로 연관되어 있어 한 가지 요소가 커지면 다른 요소에 부정적인 영향을 준다. 따라서 리더는 변화관리가 중요한 시점에 조직의 상황을 객관적으로 모니터링하고 실시간으로 대응할 필요가 있다. 이때 어떤 역기능이 발견되면 리더는 빨리 해결책을 찾아야 한다.

솔루션에서 제시한 4가지 접근법은 각 상황에서 변화관리에 미치는 긍정적 영향을 강조하고 있다. 유 팀장이 처한 상황에서는 팀원들이 변화에 대한 저항성이 큰 상태이므로 '물러서기' 방식을 통해 다양한 의견과 정보를 수집하는 것이 좋다. 이때 팀원들에게 프로세스 개선을 위한 '의견'을 묻기보다는 어떤 '생각'과 '감정'인지 먼저 알아봐야 한다. 예를 들어 팀원들은 새로운 업무 프로세스에 대한 걱정, 변화에 대한 두려움 등을 이야기할 수 있다. 이러한 의견을 들은 뒤에 '무엇을 원하는지' 물어보면 개선할 부분이나 새로운 아이디어를 말할 것이다.

변화는 필연적으로 다가오기 때문에 조직이 변화하지 않으면 도태될 수밖에 없다. 그래서 조직은 변화를 적극적으로 받아들이고, 리더는 성공적으로 변화를 이끌어야 한다. 앞에서 제시한 변화관리 솔루션은 단순히 실시간 대응으로 효율성을 높이는 것이 아니라 구성원들의 참여와 협력을 통해 변화하는 방식이다.

'뛰어들기'에서는 변화의 필요성에 대해 구성원들을 먼저 이해시킨 뒤에 지시나 결정을 하는 것이 좋다. '물러서기'에서는 변화의 과정을 투명하게 공개한 뒤에 구성원들의 피드백이나 의견을 수렴해야 한다. 또한 '의지하기'에서는 구성원들의 말과 감정에 공감하는 것 외에도 그들이 변화의 주체가 될 수 있도록 참여 기회를 제공하는 것이 좋다. '기대지 않기'에서는 변화를 이해하고 알맞은 방향성과 해결책을 고민하는 것과 함께 구성원들이 변화에 능동적으로 대처할 수 있도록 어떻게 동기부여를 할지 생각해야 한다.

영국의 총리였던 윈스턴 처칠(Winston Churchill)은 "개선한다는 것은 변화하는 것이고, 완벽하다는 것은 자주 변화하는 것"이라고 말했다. 변화는 성장을 위한 동력이므로 리더는 변화의 필요성과 중요성을 먼저 이해해야 한다. 그래야 구성원들을 설득하고 상황에 따라 4가지 접근법을 활용할 수 있다. 리더가 상황에 따라 어떻게 접근할지를 안다면, 구성원들은 변화를 받아들이고 성과를 위해 능동적으로 노력할 것이다.

• Noble, D., & Kauffman, C. (2023, January-February). The Power of Options. *Harvard Business Review*.

•• Lencioni, P. (2002). *The Five Dysfunctions of a Team: A Leadership Fable*. Jossey-Bass.

변화의 티핑 포인트를
만드는 방법

유통회사 마케팅팀의 김 팀장은 최근 새로운 디지털 마케팅을 도입하기 위해 고민이 많다. 그래서 변화에 적극적이면서 분위기 메이커인 오 대리와 1대1 면담을 통해 다양한 의견을 들었다.

김 팀장 : 기존 TV와 지면 광고 등 오프라인 중심의 마케팅을 SNS 등을 활용한 디지털 마케팅으로 전환해야겠어.

오 대리 : 아, 네. 이미 수많은 회사가 그렇게 하고 있죠. 그런데 갑자기 디지털 마케팅으로 전환하면 지금의 오프라인 방식에 익숙한 팀원들이 반발하지 않을까요?

김 팀장 : 그래서 자네를 부른 거야. 어떻게 하면 좋을까?

오 대리 : 일단 디지털 마케팅 관련 교육을 제공하는 것은 어떨까요? 개념은 어느 정도 알고 있지만, 실무에 어떻게 적용해야 할지 어려움을 느낄 거예요. 저도 그렇고요.

김 팀장 : 좋은 의견이야. 초기에는 직접 참여해 볼 수 있는 다양한 소규모 프로젝트도 진행할 예정이야.

오 대리 : 알겠습니다. 참여를 유도하기 위해 힘써 보겠습니다.

변화 추진 과정에서 작은 성공을 위한 4가지 원칙

조직 내 변화는 리더로부터 시작된다. 그리고 그 변화를 전체에 적용하기 위해서는 여러 가지 시행착오를 겪어야 한다. 사람마다 원하는 것과 변화에 대한 관점이 서로 다르기 때문이다. 변화에 대한 시행착오를 줄이려면 조직 내에서 소수 인원의 협력자를 만들어야 한다. 이들을 통한 작은 성공이 큰 변화의 주축이 될 수 있다.

컨설팅기업 체인지의 공동설립자 그렉 사텔(Greg Satell)*은 "조직 내 변화를 위해 모두를 설득할 필요는 없다."고 말한다. 대기업이든 중소기업이든 대대적인 변화를 위해 전체적인 캠페인을 진행하면 조직 내 다수의 반발심만 자극한다. 변화관리에 관한 많은 연구 결과들을 보면, 변화를 위한 아이디어를 실행할 때 처음부터 모든 사람들을 설득해 나가는 것이 아니라 변화의 가능성에 공감하는 소수의 인원을 중심으로 시작하는 것이 효과적이라고 한다.

사회학자 데이먼 센톨라(Damon Centola)와 조슈아 베커(Joshua Becker), 데본 브랙빌(Devon Brackbill), 안드레아 바론첼리(Andrea Baronchelli)**가 과학 전문지 〈사이언스(Science)〉에 게재한 연구에 따르면 '조직의 25%가 변화 가능성에 공감하면 전체적인 변화가 폭발적으로 일어나는 티핑 포인트(Tipping Point)에 도달할 수 있

다.'고 한다. 이 연구에서 제시한 변화를 추진하는 과정에서 지켜야
할 4가지 원칙에 대해 살펴보자.

1) 소수의 인원으로 시작하기

모든 사람들을 설득하는 것은 오히려 반발심을 낳는다. 조직 내
인원의 25%를 목표로 소수의 인원부터 변화를 긍정적으로 받아들
이도록 설득해 보자. 이것이 기대하는 변화를 이끌 수 있는 원동력
이다.

2) 변화 목표를 설정하고 시각적으로 공개하기

구성원들이 변화의 목표를 시각적으로 확인할 수 있도록 명확하
게 보여준다. 소수의 인원을 통해 작은 성공을 거뒀다면 이를 시각
적으로 볼 수 있도록 모두에게 공개하는 것이다. 변화의 목표와 성
과의 기준을 명확하게 보여주면 비협조적이었던 구성원들의 참여
를 유도할 수 있다.

3) 다양한 구성원 참여시키기

변화는 조직 내 한 사람이나 특정 부서의 노력만으로 이루어지
지 않는다. 변화가 필요한 다양한 이해관계자들의 의견을 적극적
으로 수렴하고 협력하는 분위기를 만들어야 그들이 전체적인 변화
에 능동적으로 참여할 수 있다.

4) 작은 성공을 변화의 촉매제로 활용하기

소수 인원이 만들어 낸 작은 성공은 큰 변화를 달성하기 위한 촉매제이다. 새로운 업무 프로세스가 소규모 부서에서 시범 운영을 통해 성공을 거두면 조직 전체로 확대할 수 있다. 새로운 제품이나 서비스를 출시한 후 소규모 시장에서 성공을 확인한 뒤 대규모 시장으로 확대하는 것과 같은 이치다.

Leadership Insight

'이노베이터의 딜레마(Innovator's Dilemma)'는 조직이 신기술이나 혁신을 통해 새로운 비즈니스를 시작하려고 할 때 기존의 방식을 고수하다 빠른 변화를 일으키지 못하는 현상을 말한다. 하버드 경영대학원 교수 클레이튼 크리스텐슨(Clayton M. Christensen)•••은 "대기업일수록 단기적으로 큰 성장을 보이지 못하면 장기적으로 효과가 높은 새로운 시장을 포용하려 하지 않는다."고 말했다. 대표적인 사례가 필름업계의 제왕이었던 코닥이다. 가장 먼저 디지털카메라를 발명할 기회가 있었지만, 사업성을 확신하지 못하고 기존 필름 카메라를 고수한 결과 새로운 시장 기회를 놓치고 말았다. 마찬가지로 많은 회사들이 신시장과 신제품 개발을 고민하지만, 실패에 대한 두려움 때문에 도전을 포기한다. 이노베이터의 딜레마를 이겨내고 미래에도 살아남으려면 리더와 구성원 모두 변화의 필요성을 인식하고 능동적으로 참여해야 한다.

앞서 변화를 성공적으로 추진하기 위해서는 리더의 역량과 구성원들의 참여가 중요하다고 했다. 특히 리더는 구성원들이 변화를 이해하고 동기를 갖도록 노력해야 한다. 현대 사회는 조직 내의 변화가 매우 유동적이고, 관련 내용이 네트워크를 통해 쉽게 전파된다는 특징이 있다. 그래서 시작 단계가 매우 중요하다. 이때 소수의 '열성 팬'은 변화의 첫 진입에 결정적인 역할을 한다. 이들은 변화에 공감하는 것을 넘어 변화의 필요성과 변화 후의 성과를 적극적으로 홍보한다. 이러한 방식으로 작은 성공이 큰 성공을 만든다.

우리는 일반적으로 조직 내에서 변화가 성공했을 때 시작부터 대대적인 변화가 일어났을 것이라고 생각한다. 하지만 그 이면에는 리더의 끊임없는 노력과 수많은 작은 성공들이 있었을 것이다. 솔루션에서 말했던 것처럼 모든 사람을 설득할 필요는 없다. 변화의 4가지 원칙을 중심으로 소수의 공감을 얻어보자. 변화는 장기적인 관점에서 살펴보고, 상황에 맞게 조정하고 관리해야 한다. 리더가 변화관리를 위해 해야 할 일은 끊임없이 모니터링하고 열성 팬들을 고무시키는 것이다.

- Satell, G. (2023, May 11). To Implement Change, You Don't Need to Convince Everyone at Once. *Harvard Business Review*.
- •• Centola, D., Becker, J., Brackbill, D., & Baronchelli, A. (2018). Experimental evidence for tipping points in social convention. *Science, 360*(6393), 1116-1119.
- ••• Christensen, M. C. (2016). *The Innovator's Dilemma:When New Technologies Cause Great Firms to Fail*. Harvard Business Review Press.

Harvard Business Review

유연한 조직을 만들기 위한 관점 교환

A기업은 기존 제품을 대체할 수 있는 새로운 휴대용 전자제품을 출시할 예정이다.

마케팅팀은 최근 디지털 마케팅을 중심으로 업무 프로세스가 개편됨에 따라 고객에게 어필할 수 있는 요소를 중점적으로 부각시키기로 했다. 특히 제품의 신기능과 가격 경쟁력을 마케팅의 핵심 전략으로 활용하고자 했다.

반면 영업팀은 초기 고객 반응과 매출 실적이 무엇보다 중요하기에, 제품의 가격과 구매 접근성을 강조한 전략이 더 중요하다고 주장했다. 이러한 두 팀의 상반된 견해 차이로 인해 이전에도 신제품 출시가 늦춰진 적이 있다. 경영진의 관점에서 어떻게 하면 두 팀의 니즈를 조율하여 능동적으로 변화를 이끌 수 있을까?

수평적·수직적 관점 교환을 활용한 변화관리

기업이 새로운 경쟁력을 확보하려고 할 때 '관점 교환'을 이용하면 변화를 끌어내기 쉽다. 관료주의나 형식주의에서 벗어나 사고의 전환과 더불어 왜곡된 관점을 교정할 수 있다. 특히 중간 규모의 기업에서 활용하면 효용성이 높다.

스탠퍼드대학교 업무기술조직센터 연구자 레베카 힌즈(Rebecca Hinds)는 "관점 교환을 통해 새로운 영감을 찾는 데 그치지 않고, 조직 내 구성원들이 인지적 유연성(Cognitive Flexibility)을 구축할 수 있다."고 말한다. 관점 교환은 심리학자 대니얼 카너먼(Daniel Kahneman)이 말하는 '시스템 2' 사고를 촉진할 수 있다. '시스템 1'은 대부분 사람들의 사고 과정을 지배하는 직관적인 사고를 말하며, '시스템 2'는 더 느리고 신중하게 접근하여 미처 보지 못했던 사각지대를 볼 수 있는 이성적 사고를 말한다. 보통 직관적인 결정을 주로 하는 리더라면 확증편향에 시달릴 수 있는데, 이럴 때에는 관점 교환을 통해 '시스템 2'의 이성적 사고를 사용하여 새로운 시각으로 바라볼 수 있다.

여기서는 2가지 방식의 관점 교환과 그 효과를 살펴보자.

1) 수평적 관점 교환

여러 팀끼리 수평적으로 관점을 교환하는 방식이다. 이 방식은 특히 팀 간에 반목이 있는 경우에 더욱 효과적이다. 다른 관점에서 보면 서로의 문제를 이해할 수 있기 때문이다. 또한 영업팀과 마케팅, HR 등 두 개 이상의 팀에 적용해 볼 수 있다. 벤처기업에서는 고객지원팀과 영업팀 간에 협업이 어려운 경우가 종종 있는데, 갈등이 심한 두 팀의 리더들이 일정 기간 업무를 바꿔보면 서로의 어려움을 이해할 수 있다.

2) 수직적 관점 교환

리더와 구성원 사이에 적용해 볼 수 있는 방식이다. 예를 들면 '1일 팀장' 제도를 활용해 구성원에게 조직을 개선할 수 있는 한 가지 의사결정 권한을 주는 것이다. 다만 이 방식은 기업의 최고위층에서 사용하는 것은 주의해야 하고, 사전에 구성원들의 이해가 필요하다. 관점 교환 자체에만 집중하면 자칫 또 하나의 새로운 변화관리 대상이 될 수도 있기 때문이다. 꼭 필요한 상황이라고 판단될 때 올바르게 적용된다면 조직 내에 혁신과 위임 문화를 쉽게 정착시키고 변화에 대한 수용성을 높일 수 있다.

Leadership Insight ─────────────────────────●

변화관리는 조직의 성과를 높이고 지속가능한 성장을 이루기 위한 필수요소이다. 하지만 조직 내 구성원들이 변화에 대해 긍정적으로 생각하고 행동하기까지 얼마나 걸릴지는 알 수 없다. 인력이나 비용 등을 변화관리에 얼마나 사용할지 가늠하기 어려운 이유도 여기에 있다.

'학습조직(Learning Organization)'은 끊임없이 변화하고 적응하며 발전하기 위해 계속해서 학습하는 조직을 말한다. MIT 슬론경영대학원 교수이자 조직학습학회 창립회장 피터 센게(Peter Senge)**는 "학습조직을 만들어야 새로운 변화에 빠르게 적응하고 또 다른 기회를 창출할 수 있다."고 말한다. 학습조직을 통해 구성원들의 학습 역량을 키우고, 비전을 공유하는 것은 기본이다. 더 나아가 조직을 하나의 시스템으로 보고, 조직 내 각 팀의 역할과 기능에 대해 학습하는 것도 필요하다. 이를 통해 변화에 더욱 능동적인 팀을 만들 수 있다.

조직에서 변화를 100% 수용하는 구성원은 많지 않다. 반대하지 않으면 다행이다. 그렇기에 변화를 이끌어가는 리더의 역할은 조직의 미래를 결정짓는 핵심요소 중 하나다. 이때 리더는 변화관리에 대한 이해와 함께 검증된 변화관리 기법들을 적용해 볼 필요가 있다.

'관점 교환'은 조직 내에서 직접 활용할 수 있는 능동적인 변화관리 기법이다. 수평적 관점 교환은 시행 기간에 따라 효과는 다르지만 상호 합의만 이루어진다면 부서별 이해의 격차를 좁힐 수 있다. 이를 통해 구성원들은 변화를 전보다 편하게 받아들일 수도 있다. 수직적 관점 교환은 상황에 맞춰 세심하게 계획을 세우지 않으면 큰 반발로 이어질 수 있다. 특히 회사 최고위층에 적용하기에는 위험하다. 그래서 수직적 관점 교환은 부서 내 혁신과 권한위임이 필요할 때 팀 단위에 일시적으로 적용하는 것이 좋다.

A기업의 신제품 출시와 관련된 사례에서 수평적 관점 교환을 적용한다면 마케팅팀 팀장과 영업팀 팀장이 일정 기간 동안 역할 교환을 해볼 수 있다. 이를 통해 마케팅팀은 영업팀의 니즈와 현장의 어려움을 알 수 있다. 영업사원들이 어떻게 고객을 만나고 매출을 올리기 위해 어떤 노력을 하는지, 고객의 거절에 어떻게 대처하는지 관찰할 수 있을 것이다.

영업팀은 마케팅팀의 디지털 프로세스 변화에 따른 고충을 이해할 수 있다. 기존 아날로그 방식의 마케팅 프로세스를 그대로 적용할 수 없어서 때로는 기존에 하던 일을 두 배로 해야 하는 경우도 있다. 디지털 환경에서 고객의 니즈는 빠른 속도로 변하고 반응도 즉각적이기에, 확실하지 않은 제품 정보를 제공해서 신뢰를 잃어버리면 회복하기 힘들다는 것도 알 수 있다. 그래서 좀 더 안전한 마케팅 방식을 선호하는 것이다. 최근 회사나 브랜드를 대표하는 광고 모델로 AI 캐릭터를 활용하는 사례가 늘어가는 것도 안전성을 중시하기 때문이다.

관점 교환을 실무에서 장기간 적용한 사례도 있다. 해당 회사는 해외의 이동형 제품을 수입 판매하고 전문적인 수리 서비스를 제공하는 곳이다. 총 5개의 지역 서비스센터를 운영하고 있는데, 본사 지침에 따라 지역 고객의 특성을 반영하여 세부 서비스와 시설을 개선해야 하는 상황이었다. 회사 경영진은 부서별 팀장들을 1년에 한 번씩 다른 부서에 배치하는 관점 교환을 시행했다. 첫 해에는 전 지점별로 성과도 떨어지고 구성원들의 반발도 많았다. 그런데 둘째 해부터는 새로운 팀장의 리더십 스타일이나 프로세스의 변화를 능동적으로 받아들이기 시작했다. 지금은 매년 진행되는 관점 교환 프로세스를 당연한 문화로 받아들이고 있다. 한 리더의 부족함을 다른 리더가 채워주는 분위기도 생겼다. 다른 부서의 어려움을 이해하게 되자 의견 대립도 줄어들고 전체적으로 성과도 올랐다.

조직 내 변화관리는 리더의 역량을 스스로 분석할 수 있는 시험무대라고 볼 수 있다. 관점 교환은 이러한 시험무대에서 변화관리를 위해 활용해 볼 수 있는 도구이다. 또한 앞서 소개한 변화관리 방법들과 함께 활용하면 조직의 지속가능한 성장을 이뤄낼 수 있을 것이다.

- Hinds, R. (2023, May 16). How "Perspective Swaps" Can Unlock Organizational Change. *Harvard Business Review*.
- Senge, M. P. (2006). *The Fifth Discipline:The Art & Practice of The Learning Organization*. Doubleday.

3장

협업·갈등 관리

: 팀워크를 통한 갈등 해결 :

organization
management

Harvard Business Review

불편한 동료와
함께 일할 수 있을까?

김 팀장은 회사에서 업무능력이 뛰어나다고 인정받는 베테랑 팀장이다. 게다가 성과관리가 까다롭기로 소문난 상사이기도 하다. 김 팀장이 우리 팀으로 발령났을 때 많은 사람들이 함께 일하기 힘들 것이라고 했지만, 사회생활이 처음이 아닌 나는 김 팀장에게 잘 맞출 수 있을 거라고 생각했다. 하지만 김 팀장과 일한 지 일주일 만에 나는 입사 후 최대 위기에 봉착했다. 그는 팀원 모두가 자신만큼 일을 잘하길 바랐고, 야근은 선택이 아닌 필수였다.

똑똑하고 부지런한 김 팀장과 함께 일하면 배울 것도 많고 업무능력도 올라갈 것이라 기대했는데 시간이 지날수록 불편하기만 했다. 중간관리자인 최 과장이 잘 조율해 주면 좋겠는데, 성격만 좋고 우유부단해서 김 팀장의 지시에 무조건 '예스(Yes)'다. 입사 동기인 홍 대리는 일은 잘하지만 자기 것만 챙기는 것이 눈에 뻔히 보이는 사람이다. 회사와 업무는 너무 마음에 드는데 함께 일하는 동료들이 나를 점점 힘들게 한다.

불편한 동료와 어떻게 갈등을 해결할 수 있을까?

한 연구에서 '지난 5년간 불편한 사람과 일한 경험이 있나요?'라는 질문에 94%의 응답자가 '그런 적이 있다'고 대답했다. 함께 모여 일하는 조직에는 자신만 잘나고 능력 있다고 생각하는 상사, 열심히 일하지 않으면서 불평불만이 많은 팀원, 매사에 우유부단해서 결정과 책임을 미루는 동료 등 다양한 사람들이 있게 마련이다. 이들과 함께 일하면서 겪는 불편함과 갈등은 당연한 일상이 되어버렸다.

미국의 근로자 2,000명을 대상으로 한 설문조사에서 '직장에서 갈등을 일으키는 가장 큰 원인은 무엇인가?'라는 질문에 가장 많이 나온 답변은 '인간관계'였다. 협력하고 협업해야 하는 상황에서 서로에 대한 장점보다 단점을 끄집어내다 보면 갈등이 일어날 수밖에 없다. 당연히 불편한 동료들과 함께 일하기는 힘들고, 업무 성과를 높일 수 있는 창의성이나 효율적인 의사결정 능력에도 큰 문제가 생긴다. 또한 자신의 생각이나 가치관에 반하는 동료들과 관계가 어긋나면 견디다 못해 회사를 떠나기도 한다. 따라서 협업과 협력이 잘되기 위해서는 가장 먼저 동료들과의 관계부터 개선해야 한다.

직장 내 역학관계 전문가 에이미 갤로(Amy Gallo)•는 "불편한 동료와 협업하고, 조직의 성과를 높이기 위해서는 타인의 관점을 존중해야 하며, 함께 일하는 사람들을 적으로 여기지 말아야 한다. 그리고 동료를 험담하지 말고, 서로 도우며 일할 수 있는 방법을 찾고 시도해야 한다."고 말한다.

나와 다른 사람, 더 나아가 불편한 사람과도 좋은 관계를 맺고 협력해 좋은 성과를 내려면, 타인의 생각과 관점을 인정하고 공동의 목표를 달성하기 위해 한 발짝 물러서서 존중하고 집중해야 한다.

Leadership Insight

함께 일하는 사람들과 마냥 좋게 지내기는 힘들다. 각각의 가치관과 경험이 다른 사람들의 생각과 일하는 방식이 나와 일치할 수는 없다. 그렇다고 함께 일하는 동료들과 대립하고 갈등을 일으키는 것 또한 무책임한 일이다.

에이미 갤로는 "불편하고 어려운 동료들을 하루아침에 절친한 친구로 만드는 마법 같은 비법은 없다. 하지만 갈등을 예방하고 효과적으로 협업할 수 있는 전략은 분명 존재한다."고 말한다. 에이미 박사가 제안하는 불편한 동료와 슬기롭게 일할 수 있는 5가지 전략을 알아보자.

1) 내 관점은 여러 관점 중 하나다

사회심리학 연구에서 실험 참가자들에게 'Happy birthday to

you' 노래의 리듬을 두드려 보라고 하고, 그 리듬을 들은 사람이 이 곡의 제목을 얼마나 맞히는지 알아보았다. 참가자들은 50% 정도는 맞힐 것으로 예상했지만, 실험 결과 맞힌 사람은 2.5%에 불과했다. 이처럼 내가 가진 관점이 다른 사람의 관점과 같기를 기대하는 것은 비현실적이다. 의견 차이가 있다면 '내 생각이 틀렸는가?' '나는 어떤 가정을 했는가?' 등의 질문을 통해 나의 관점이 수많은 관점 중 하나일 뿐이라는 것을 깨달아야 한다. 하나의 상황을 두고 모든 사람들이 똑같은 관점으로 보지 않으며, 그것은 지극히 당연한 현상이다.

2) 편견을 조심하라

사람은 모두 '근본적 귀인 오류'를 가지고 있다. 다른 사람들이 회식에 참여하지 않으면 무례하거나 조직에 순응하지 않는다고 생각하지만, 자신이 회식에 참여하지 않는 것은 중요한 가족 모임이나 어쩔 수 없는 상황이 있어서라고 생각하는 것이다. 즉, 타인의 행동이 주어진 상황보다 그 사람의 성격과 더 관련이 있다고 생각하는 오류이다.

누구나 편견을 가지고 있다. 사람들은 '내가 그럴 줄 알았어'라고 해석하는 확증편향, 나와 비슷한 사람들과 함께하려는 호감편향 등 무수히 많은 편향에 빠져 있다. 그리고 이런 편향이 관계를 불편하게 만든다. 다국적 기업의 인사책임자 크리스틴 프레스너(Kristen Pressner)는 "편향에 빠지지 않으려면 '역으로 질문하기' 전략이 필요하다."고 말한다. '동료가 다른 지위에 있더라도 똑같이 결정할까?' '나와 같은 입장에 놓였을 때도 똑같은 말을 할까?' '나였다면 똑같은 방식으로 일할까?'라는 반대 질문을 통해 건설적인 비판을 해야 한다는 것이다.

3) 동료를 적으로 대하지 마라

서로 의견이 다르면 편파적으로 생각하기 쉽다. 하지만 나와 생각이 다르다고 동료를 적으로 여기면 직장은 정말 힘든 전쟁터가 된다. '나는 맞고 상대는 틀렸어'라는 사고방식에서 벗어나기 위해서는 '세 번째 주체' 전략이 필요하다. 나와 동료 사이에 또 하나의 주체가 있다고 생각하는 것이다. 이 주체는 함께 내려야 하는 결정이나 프로젝트가 될 수 있는데, 이 주체를 달성하거나 개선하기 위해서는 동료를 적이 아닌 협력자로 봐야 한다. 이처럼 새로운 주체를 만들면 동료는 함께 일하기 싫은 적이 아니라, 문제를 함께 해결해 나가야 하는 협력자가 될 수 있다.

4) 공동의 목표에 집중하라

성취하고 싶은 목표를 정하고 종이에 쓰자. 연구 결과에 따르면 목표를 구체적으로 설정하고 글로 쓰는 사람은 그렇지 않은 사람에 비해 달성률이 1.2~1.4배 높고, 글로 작성한 목표가 달성될 가능성이 훨씬 크다고 한다. 마찬가지로 불편한 동료와도 공동의 목표를 함께 작성하고 집중하면 복잡한 상황에 노출되는 것을 사전에 피할 수 있다.

5) 동료의 험담을 절대 하지 마라

아이러니하지만 연구 결과에 따르면 동료와 나누는 험담은 깊은 유대감을 형성하는 데 중요한 역할을 한다고 한다. 내가 불편해하는 동료를 다른 사람도 불편해한다는 사실을 알게 되면 그 사람과 유대감이 생기는 것이다. 하지만 험담은 위험이 따른다. 첫째, 상대가 험담 대상이 된 사람에 대해 확증편향을 갖게 된다. 둘째, 험담한 사람은 프로답지 못하고 불평불만이 많은 사람이라는 평판을 얻는다.

동료와 불편한 감정을 정리하는 데 있어 다른 사람의 도움을 받거나 나의 판단이 명확한지 확인하는 정도는 충분히 괜찮다. 하지만 누구와 어떻게 이야기하고 무엇을 공유할지는 신중하게 선택해야 한다. 가능하다면 다른 사람과의 관계를 불평하거나 험담하지 않는 것이 더 현명하다.

펜실베이니아대학교 와튼스쿨 심리학 교수 애덤 그랜트(Adam M. Grant)**는 "협업은 단순히 사람들을 모아놓는 것으로 이루어지지 않으며, 효과적인 의사소통, 갈등관리, 리더십 등 다양한 요소가 필요하다. 또 협업을 잘하는 사람들은 자신의 강점과 약점을 잘 이해하고 있으며, 다른 사람의 강점을 활용하는 방법을 잘 알고 있다."고 말한다. 조직에서 나와 생각이 다르고, 판단과 업무 스타일이 다양한 사람들이 함께 일하는 것은 당연하다. 하지만 그 다름으로 인해 불편한 관계가 형성되고 갈등이 생길 것 같다면 에이미 갤로가 제안하는 5가지 전략을 사용해 보자. 불편한 동료가 오래 사귄 친한 친구처럼 되는 마법은 일어나지 않겠지만, 서로 협력하고 협업하는 데 많은 도움이 될 것이다.

- Gallo, A. (2022, September-October). How to Navigate Conflict with a Coworker. *Harvard Business Review*.
- Grant, A. M. (2013). *Give and Take : Why Helping Others Drives Our Success*. Penguin Books.

Harvard Business Review

나는 협력하는 리더가 될 수 있을까?

마케팅팀의 김 팀장은 회사에서 전설적인 인물이다. 그는 코로나19로 인해 매출이 현저히 감소하고 기존 영업 채널에서도 물량을 소화하기 힘들었던 시기에 획기적인 마케팅 전략과 과감한 추진력으로 전년 대비 150% 매출을 성장시켰다. 그 공로를 인정받아 새롭게 팀장으로 발령받은 것이다.

하지만 김 팀장과 함께 일하는 팀원들은 그의 업무 스타일 때문에 매우 힘들어하고 있다. 그의 독특한 아이디어와 실적은 충분히 인정하지만, 자신의 말이 무조건 맞고 자신이 원하는 결과물이 나오지 않을 때는 정말 어마어마한 스트레스를 주는 사람이었다. 만족이 없는 김 팀장은 대부분의 의사결정을 독단적으로 했고, 팀원들이 납득할 수 없는 업무를 지시해 퇴사한 팀원도 있다.

능력 있는 사람이 팀장이 되면 팀이 단합되고 좋은 성과가 나올 줄 알았는데, 김 팀장은 함께 일하는 사람들 모두가 피하고 싶은 리더가 되고 말았다.

팀원을 돕는 리더가 되고 싶다면

다음은 자신에 대한 믿음의 정도인 자기과신을 측정하는 테스트이다. 각 질문에 자신이 생각하는 답을 적어보자. 본인이 적은 답의 범위에 실제 정답이 포함될 확률이 90%가 되는 것이 목표이다. 정답이 포함될 수 있도록 충분한 범위를 적어보자(정답은 본문 마지막에 있다).

자기과신 테스트

실천 사례	최솟값	최댓값
1. OPEC의 회원 국가 수는 얼마인가?	개	개
2. 지구에서 달까지 거리는 얼마인가?	km	km
3. 모차르트가 태어난 해는 언제인가?	년	년
4. 보잉 747기의 기체 무게는 얼마인가?	kg	kg
5. 바다에서 가장 깊은 곳의 수심은 얼마인가?	m	m

몇 개를 맞혔는가? 자기과신 경향이 낮다면 4개 이상의 정답이 나와야 한다. 정답이 범위 안에 있을 확률이 90% 이상 되려면 충분히 적은 최솟값과 충분히 큰 최댓값을 적어야 한다. 자기과신이 높

은 사람일수록 최솟값과 최댓값의 범위가 좁다. 왜냐하면 자신의 생각에 대한 확신이 크기 때문이다.

노벨경제학상을 수상한 대니얼 카너먼(Daniel Kahneman)은 "리더의 의사결정에 영향을 미치는 인지적 편향 중 개선하기 가장 어려운 것이 자기과신이다."라고 말한다. 자기과신은 리더의 마음속 깊이 자리 잡고 있어서 다른 편향들보다 쉽게 바꿀 수 없기 때문이다.

리더가 자신의 의사결정 능력에 지나치게 의존할 경우 조직에 부정적인 영향을 미칠 수 있다.* 미국 갤럽 조사에 따르면 취약한 리더십으로 인해 발생하는 생산성 손실은 연간 1조 2,000억 달러에 달한다고 한다. 구성원들과 협력하지 않고, 자신의 결정이 최고라고 생각하는 리더와 함께 일하는 구성원들은 업무 몰입도가 낮기 때문이다. 자기중심적 의사결정과 과감한 추진력은 간혹 좋은 성과를 내기도 하지만, 그로 인해 실수가 발생할 때는 더 큰 손실과 비용을 감수해야 한다.

(Leadership Insight)────────────────●

팀원이었을 때 최고의 성과를 내던 사람이 팀의 리더가 되면 당연히 성과는 더 높아지고, 팀원들 간의 협업도 좋아질 거라고 기대하지만, 현실은 그렇지 않은 경우가 많다. 실적이 우수했던 영업사원이 영업팀 팀장이 되면 매번 팀원들의 성과에 만족하지 못한다.

또한 팀원들의 영업방식을 바꿔서 자기 방식을 주입하려는 팀장도 많다. 이처럼 한때 잘나갔거나, 자신의 능력이 우수하다고 믿는 리더는 팀원들과 협력하기 어렵다.

인지적 편향 중 가장 바꾸기 어렵다는 자기과신에 빠져 있는 리더가 어떻게 하면 통제권을 내려놓고 함께 일하는 구성원들과 협력할 수 있을까? 자기과신에서 벗어나 조직 전체의 성과를 올릴 수 있는 리더가 되는 3가지 방법을 제안한다.

1) '내 말이 다 맞을까?' 의심해 보자

자기과신은 경험을 통해 점점 강해진다. '내가 해봤더니 되더라' '내가 이렇게 했더니 결과가 좋더라' 등의 성공 경험은 자기과신을 점점 강화시킨다. 물론 오랜 시간의 경험과 노하우를 바탕으로 판단하는 것이 옳을 수도 있다. 하지만 시시각각 급변하는 시대에 어제의 답이 오늘의 정답이 아닌 경우도 많다. 나의 경험을 믿는 것은 좋지만 나의 경험만을 믿는 것은 위험하다. 자기과신을 버리는 첫 번째 단계는 '내가 틀린 것은 아닌가?'라는 의심에서 시작하는 것이다.

2) 내 의견은 여러 선택지 중 하나일 뿐

어떤 리더는 자신의 직위와 직책에 따라 모든 의사결정권을 부여받았다고 착각한다. 함께 일하는 다른 사람들의 의견을 무시하거나 거절해도 되는 특권을 가졌다고 생각하는 것이다. 특히 전문성이 필요한 분야의 리더는 자신의 능력과 지식, 판단력을 과신한 나머지 잘못된 결정을 내리는 경우도 많다.

리더는 나의 의견도 많은 선택지 중 하나라는 인식을 가져야 한다. 합리적이고 효율적인 의사결정을 하기 위해 나의 의견을 다른 동류들의 의견과 같은 선택지 중 하나로 올려놓았을 때 리더는 최고의 의사결정을 할 수 있다.

3) 피드백을 요청하라

일반적으로 리더는 피드백을 주는 사람이지 피드백을 받는 사람이라고 생각하지 않는다. 하지만 협력적인 리더십을 발휘하고 싶다면 함께 일하는 구성원들로부터 피드백을 받아야 한다. 물론 자신이 부족한 부분에 대해 피드백을 받고 싶은 리더는 많지 않을 것이다. 하지만 자신의 결정에 대해 지나치게 확신하는 독단적인 리더보다 자신의 생각과 결정이 올바른 방향인지에 대해 피드백을 요청하는 리더를 따르고 싶은 것이 모든 구성원들의 공통된 마음이다.

컨설팅기업 더테이블그룹의 창립자 패트릭 렌시오니(Patrick Lencioni)**는 "리더의 독단적인 의사결정은 구성원들의 참여를 떨어뜨리고 불만을 야기할 수 있다. 리더는 구성원들의 의견을 경청하고 협력하여 의사결정을 내리는 것이 중요하다."고 말한다.

조직의 리더는 최선의 의사결정을 하는 사람이다. 하지만 리더의 의사결정이 항상 옳은 것은 아니다. 리더의 자기과신을 기반으로 한 의사결정과 추진력은 이익보다 손실을 더 키우는 경우도 있다. 리더는 자신감을 가져야 하지만, 지나친 자기과신으로 독단적인 의사결정을 해서는 안 된다. 항상 다른 사람의 의견을 존중하고, 자신의 의견이 틀릴 수 있음을 인정하며, 피드백을 받고자 하는 자세를 갖출 때 리더로서 존중받을 수 있다.

[자기과신 테스트 정답]

1) OPEC 회원 국가 수 : 13개국

2) 지구에서 달까지 거리 : 384,400km

3) 모차르트가 태어난 해 : 1756년

4) 보잉 747기의 기체 무게 : 330,000kg / 330ton

5) 바다에서 가장 깊은 곳의 수심 : 11,034m(마리아나 해구의 챌린저 딥)

•   Fernandez, J., & Velasquez, L. (2023, March 23). Becoming More Collaborative - When You Like to Be in Control. *Harvard Business Review*.

••   Lencioni, P. M. (2002). *The Five Dysfunctions of a Team:A Leadership Fable*. Jossey-Bass.

Harvard Business Review

분위기 좋은 조직, 과연 성과도 좋을까?

회의실에서 최 팀장과 이 대리, 김 대리가 신제품의 마케팅 전략에 대해 논의하고 있다.

성격 좋은 최 팀장은 오늘 전략회의에서도 팀원들의 의견을 잘 수용해 주고 그대로 진행하라고 업무지시를 내렸다. 이 대리와 김 대리는 별 탈 없이 진행된 회의에 큰 불만은 없다. 하지만 가끔은 최 팀장이 리더로서 날카롭고, 다른 관점에서의 피드백을 해줬으면 하는 기대도 있다.

회의가 끝난 후 김 대리가 이 대리에게 "오늘 회의도 분위기 좋게 끝났는데, 뭔가 아쉬움이 많이 남네요!"라고 말하자, 이 대리 역시 "최 팀장님은 무조건 좋다고만 하시는데, 다른 관점에서 피드백을 해주시면 우리도 더 좋은 결과물을 내놓을 수 있을 것 같다는 생각이 들 때가 가끔 있어요."라며 동감을 표했다.

분위기 좋은 조직의 함정

조직을 이끌어가는 데 있어서 리더의 역할은 매우 중요하다. 가족적이고, 서로 존중하고, 분위기 좋은 조직문화를 만들기 위해 구성원들의 의견을 잘 듣고 인정해 주는 것은 분명 리더가 갖춰야 할 역할이다. 하지만 좋은 사람으로 평가받기 위해 불편한 분위기를 만들지 않으려는 조직문화에서는 리더가 생각하지 못한 곳에서 구성원들의 불만이 터져 나오고, 효과적으로 성과를 내야 하는 상황에서 큰 문제가 발생하기도 한다. 분위기가 좋고, 서로 존중하고, 항상 밝은 모습으로 웃으며 일하는 조직이 항상 성과도 높으리란 생각은 착각이다.

조직과 리더가 서로 존중하고 배려하는 조직문화를 추구하는 이유는 무엇일까? 반대로 서로 비난하고 경쟁을 유도하는 조직문화라면 어떨까? 불친절하고, 폭력적이고, 서로의 생각과 의견을 무시하는 조직문화라면 단 하루도 그곳에서 일하고 싶지 않을 것이다. 상호 존중하는 조직문화를 추구하는 이유는 함께 일하는 데 있어서 가장 이상적이라고 믿기 때문이다. 하지만 이상적인 조직문화가 항상 효율적인 성과를 내는 것은 아니다.

컨설팅기업 리더팩터의 CEO 티머시 클라크(Timothy R. Clark)가 말하는 분위기 좋은 조직문화에서 나타나는 위험은 다음과 같다.

1) 작은 위기를 큰 위기로 만든다

서로 존중하고 배려하는 문화가 가지고 있는 가장 치명적인 단점은 책임을 묻지 않는다는 것이다. 책임 소재가 불분명한 문화는 시간이 지날수록 깊은 타성에 젖게 되고, 위기가 발생했을 때 선제적으로 행동하는 사람도 없고, 명확한 의사결정도 하지 않는다. 이처럼 좋은 사람은 많은데 책임지는 사람이 없는 조직은 작은 문제도 크게 만들 위험이 있다.

2) 현상을 유지한다

평화와 안정을 추구하는 문화는 기본적으로 변화에 대응하기보다 현재에 안주하려는 경향이 강하다. 조직이 성장하려면 끊임없이 혁신해야 하는데 현상 유지 경향이 강하면 변화하려는 프로세스를 억누른다. 이러한 조직에서는 능력 있는 구성원들이 자신의 역량을 제대로 펼쳐보지 못하고, 펼치려는 생각조차 하지 않는다. 더 나아가 능동적으로 혁신하려는 구성원은 조직에 적응하지 못하거나 반감을 가지고, 결국에는 조직을 떠나게 된다.

3) 의사결정이 느리다

서로의 입장을 배려하는 조직문화의 또 다른 단점은 서로 좋은 사람이 되어야 한다는 압박감에 시달린다는 것이다. 서로 좋은 인상을 심어주고 호감을 얻어야 하기에 이유 없는 칭찬과 애매모호한 논의가 계속된다. 그러다 보면 중요한 의사결정은 한없이 늦춰지고, 결국 가장 안정적이고 모두를 만족시키는 방향으로 최악의 의사결정을 내리게 된다.

이런 위험을 예방하기 위해 조직과 리더는 명확한 목표와 방향을 설정하고 공유해야 한다. 또한 각자의 역할과 책임을 분명히 인지시키고, 구성원 모두가 자신의 본분을 다할 수 있는 분위기를 만들어야 한다. 마지막으로 구성원들이 용기 내어 자신의 생각과 반대 의견을 솔직히 말할 수 있는 환경을 만들어주고 보호해 주어야 한다.

Leadership Insight

최 팀장은 팀의 분위기가 좋으면 성과도 좋을 거라고 생각한다. 서로 존중하는 조직문화가 만들어지면 협력하고 협업하는 데 문제 없을 것이라고 믿었다. 또 훌륭한 리더는 구성원들의 의견을 취합해 명확한 의사결정을 내리는 사람이라고 생각했다. 하지만 서로가 존중하는 조직문화라고 해서 아무런 문제 없이 성과를 잘 내는 것은 아니고, 구성원 모두가 만족하는 것도 아니다.

서로에 대한 존중과 배려도 중요하지만 좋은 관계를 유지하는 데에만 매몰된 조직문화의 단점을 명확하게 이해하고 보완해 나가는 것이 리더의 역할이다. 그렇다면 어떻게 해야 분위기 좋은 조직문화에서 성과를 높일 수 있을까?

1) 착한 사람 콤플렉스에서 벗어나라

조직은 착한 사람들이 모여 일하는 곳이 아니다. 각자의 개성을 존중하면서 자신의 역할과 책임을 다하고, 이를 통해 제대로 된 평가를 받고 성과를 나누는 곳이다. 리더는 이러한 사실을 각각의 구성원에게 명확하게 인지시키고, 착한 사람보다 책임감 있는 사람이 인정받는 조직문화를 만들어야 한다.

2) '노(No)'는 '노'답게

한때 '네, 그러나(YES, BUT)' 화법이 유용하던 시기가 있었다. 상대의 의견이나 생각에 반할 때 '네'라고 먼저 긍정의 표현을 한 뒤 '그러나'라고 반대 의견을 말하면 상대의 기분을 배려하며 나의 생각을 전달할 수 있다는 것이다. 하지만 지금은 통하지 않는다. 상대와 의견이 다를 때는 명확하게 '노(No)'라고 말하는 용기가 필요하다. 물론 태도는 정중해야 하고, 객관적이고 논리적인 주장과 근거가 뒷받침되어야 한다. 아니라고 생각할 때 아니라고 명확하게 표현할 수 있는 조직문화에서 제대로 된 성과를 낼 수 있다.

3) '좋은 것(nice)'과 '친절한 것(kind)'을 구별하라

우리는 분위기를 좋게 만들기 위해, 갈등을 일으키지 않기 위해, 적을 만들지 않기 위해 좋은 사람, 착한 사람이 되려고 노력한다. 봉사활동을 하는 곳에서는 모두가 착해도 큰 문제없다. 하지만 생존과 성과가 필요한 조직에서는 착하기만 한 것이 오히려 해가 된다. 친절함으로 충분히 갈등을 해결할 수 있고, 적에게도 친절하게 대할 수 있다. 좋은 사람과 친절한 사람은 분명 다르다는 것을 명심해야 한다.

친절한 사람들, 착한 구성원들이 모여 좋은 분위기 속에서 회의가 끝났다. 하지만 웃으며 끝낸 회의가 명확한 의사결정, 분명한 역할과 책임에 따른 업무 분장, 리더에 대한 좋은 평가로 연결되는 것은 아니다. 모두의 의견을 수렴한 리더는 결단력 없다는 평가를 받을 수 있고, 모호한 의사결정은 막대한 손실을 초래할 수 있다. 갈등이 표면적으로 드러나지 않는다고 해서 훌륭한 조직인 것은 아니다. 조직은 서로의 역할과 책임을 분명히 인지하고, 변화와 도전에 두려워하지 않으며, 자신의 생각과 의견을 충분히 피력할 수 있는 문화에서 뛰어난 성과를 내고 성장할 수 있다.

• Clark, T. R. (2021, June 25). Hazards of a "NICE" Company Culture. *Harvard Business Review*.

Harvard Business Review

갈등,
어떻게 관리할 것인가?

IT 업계에서 성공 신화를 이룬 A기업은 신제품 프로젝트를 위해 자신의 팀에서 전문가라고 인정받는 팀원들을 모아 프로젝트 팀을 구성했다. 하지만 프로젝트 초반에는 모두 열정적으로 일했지만, 중반에 이르러서는 각자의 성격과 가치관의 차이로 인해 갈등이 발생했다.

디자인을 담당하는 팀원 A는 완벽주의자였고, 팀원 B는 실용주의자였다. A는 모든 것을 완벽하게 준비하고 싶었고, B는 빠르게 진행하고 싶었다. 프로그래머였던 팀원 C는 자유분방한 성격이었지만, 팀원 D는 규칙을 중요시했다. C는 자유롭게 일하고 싶었고, D는 규칙을 지키며 일하고 싶었다. 마케팅 담당 E는 남성 위주의 문화에 익숙했지만, 재무 담당 F는 여성으로서 차별을 경험한 적이 있었다. 프로젝트의 PM이었던 E팀장은 남성 중심의 문화를 유지하고 싶었고, 부팀장 F는 여성의 목소리를 더 많이 듣고 싶어 했다.

이처럼 개인의 성향과 업무 스타일, 가치관의 차이로 인해 갈등이 심화되면서 팀원들 사이에 불신이 쌓이고, 업무 효율이 떨어졌다. 결국 프로젝트는 중단되었고, 능력 있는 팀원 몇 명이 회사를 떠났다.

팀 내 갈등 사전 차단법

팀 내 갈등은 팀의 생산성과 성과에 부정적인 영향을 미친다. 이러한 갈등을 예방하기 위해 리더는 구성원들 각자가 사전에 개인적 차이점을 표면화해서 서로 간 이해와 신뢰를 구축하도록 도와야 한다.

IMD 비즈니스스쿨 조직행동학 교수 진카 토겔(Ginka Toegel)과 장 루이 바르수(Jean-Louis Barsoux)*는 25년에 걸쳐 팀 역학에 대해 연구했다. 이들이 포천 500대 기업에서의 팀 코칭 경험과 듀크대, 런던경영대학원, IMD에서 수천 명의 리더를 대상으로 한 연구에 따르면 팀 내 갈등을 사전에 막기 위해서는 선제적 접근방법이 훨씬 효율적이라고 한다. 선제적 접근방법은 사람들이 어떻게 보이고, 행동하고, 말하고, 생각하고, 느끼는지 5가지 영역에 초점을 맞춰 개발되고 시험을 통해 완성되었다. 이 방법론은 다음과 같이 5단계로 진행되었다.

1단계 : 구성원들이 각 영역에서 각자의 선호도와 기대치를 표현한다.

2단계 : 구성원들이 가장 맞지 않거나 마찰이 일어날 것으로 예상되는 분야를 찾는다.

3단계 : 서로 기대치가 다른 구성원들이 어떻게 함께 일해 나갈
지 의견을 제시한다.

4단계 : 이러한 과정을 통해 구성원들은 서로의 차이점을 이해하
고, 이를 극복하기 위한 방법을 모색한다.

5단계 : 구성원들 간의 신뢰와 이해의 기반을 확립하고, 효율적
인 협력을 위한 기본 원칙을 세운다.

리더가 현업에서 바로 사용할 수 있는 선제적 접근방법 질문지(5가지 영역)

유형	질문 예시
어떻게 보이는가?	- 당신은 타인의 어떤 점을 먼저 봅니까? - 좋은 첫인상을 만드는 것은 무엇입니까? - 어떤 무형적인 자격 요건을 중요하게 생각합니까?
어떻게 행동하는가?	- 시간 엄수와 시간 약속을 지키는 것을 얼마나 중요하게 생각합니까? - 늦거나 마감시간을 못 지키면 어떻게 됩니까? - 자원해서 일을 맡아야 하나요, 아니면 업무가 주어질 때까지 기다려야 합니까?
어떻게 말하는가?	- 단도직입적인 말과 조화로운 말 중 어느 쪽을 선호합니까? - 반어법과 비꼬는 말을 잘 받아들입니까? - 말을 끊는 것은 관심의 표시입니까, 아니면 무례함의 표시입니까? - 침묵은 심사숙고를 의미합니까, 아니면 겉돌고 있음을 의미합니까? - 반대 의견은 공개적, 비공개적 중 어느 쪽이 좋습니까? - 요청하지 않은 피드백을 환영합니까?
어떻게 생각하는가?	- 불확실성은 위험입니까, 아니면 기회입니까? - 큰 그림이 중요합니까, 아니면 디테일이 더 중요합니까? - 규칙을 잘 지키는 것과 융통성을 발휘하는 것 중에 무엇을 더 선호합니까? - 계획에서 벗어나는 것을 어떻게 용인합니까?

어떻게 느끼는가?	- 업무상 긍정적이든 부정적이든 표현해도 되는 감정과 표현해서는 안 되는 감정은 무엇입니까? - 어떻게 분노나 열정을 표현합니까? - 팀원들이 당신을 짜증나게 했을 때 어떻게 반응합니까?

리더는 위와 같은 질문을 통해 팀 내 갈등을 미리 방지해야 한다. 갈등이 생기는 것은 자연스러운 일이지만 그 갈등으로 인해 조직과 프로젝트가 파괴적인 수준까지 이르러서는 안 된다.

Leadership Insight

조직에서 발생하는 갈등이 무조건 나쁜 것은 아니다. 갈등은 긍정적인 작용을 하기도 한다. 갈등을 통해 상대의 입장을 명확하게 알 수 있고, 갈등을 해결하는 과정에서 조직이 발전하고 성숙해진다. 또 갈등을 통해 서로의 생각과 의견을 나누고, 더 효율적이고 효과적인 의사결정을 내릴 수 있다. 이처럼 갈등이 긍정적인 효과를 거두려면 원인을 명확하게 인지하고 관리해야 한다.

펜실베이니아대학교 와튼스쿨 심리학 교수 애덤 그랜트(Adam M. Grant)**는 "갈등 수준을 관리하는 것은 성과에 큰 영향을 미친다."고 주장했다. 그는 8,000개가 넘는 팀 내 갈등 상황을 연구한 결과, 관계갈등은 팀의 성과에 대체로 부정적이지만 업무갈등은 성과에 긍정적으로 작용할 수 있음을 확인했다.

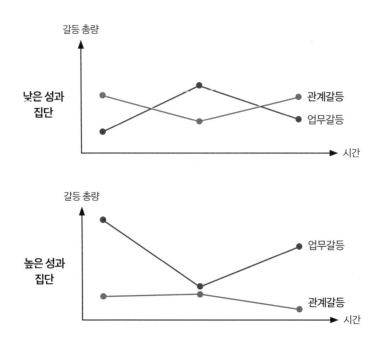

성과가 낮은 집단 vs 높은 집단의 갈등 수준 차이

이 연구 결과를 살펴보면, 성과가 낮은 집단은 프로젝트 초반에 관계갈등은 높고 업무갈등은 낮게 나타난다. 아무런 문제가 없어 보이지만 실상은 함께 일하는 동료와 관계가 좋지 않아서 업무와 관련된 의견 교류가 없는 상황이다. 이런 경우 평소에는 갈등이 없어 보이지만 업무를 같이 해야 하는 상황에서는 갈등 수준이 급격히 오른다. 생각의 차이, 말투, 행동, 가치관, 의사결정 방식 등 다양한 업무갈등이 발생하고 결국 프로젝트가 끝났을 때에는 '저 사람과 다시는 같이 일하고 싶지 않다'고 생각한다. 이런 경우 팀원들

간의 관계갈등은 원래 상태가 되거나 더 높아진다. 이처럼 팀원들과 함께 일하기 싫은 조직에서는 높은 성과가 나타날 리 없다.

성과가 높은 조직은 프로젝트 초반에 관계갈등은 아주 낮고, 업무갈등은 상당히 높게 나타난다. 한마디로 서로의 생각과 의견을 거침없이 나누는 조직이다. 표면상으로는 격렬해 보이지만 실상은 내가 어떤 생각과 의견을 표출해도 받아들여진다는 팀원들 간의 신뢰가 뒷받침되어 있다. 신뢰관계 속에서 관계갈등은 낮고, 공동의 목표달성을 위한 업무갈등은 높은 것이다. 이러한 조직은 합리적인 결과를 만들어내면서 업무갈등이 줄어들고 프로젝트 결과도 좋다. '저 사람과 함께 일하는 게 너무 즐겁고 신나는 일이야'라고 느끼며, 높은 성과를 낼 수 있다.

리더는 구성원들의 성향과 가치관, 업무 스타일 등을 사전에 공유함으로써 신뢰를 바탕으로 안정적인 관계를 만들어야 한다. 팀 내 갈등은 업무갈등과 관계갈등으로 나뉜다는 점을 명확하게 인지하고, 구성원 간의 관계갈등이 낮아질 수 있도록 선제적으로 대응해야 한다. 심리적 안전감을 가진 상태에서 업무갈등을 최대한 활용한다면 높은 성과를 내는 조직을 만들 수 있다.

• Toegel, G., & Barsoux, JL. (2016, June). How to Preempt Team Conflict. *Harvard Business Review.*

•• Grant, A. M. (2021). *Think Again: The power of knowing what you don't know.* Viking.

4장

조직문화

: 존경받는 리더의 조직문화 :

organization
management

직장 내
대단절의 시대

동료들과 함께 모여 일하는 직장 내에서 연결이 사라지고 있다.

A회사는 코로나19로 인해 직원들이 재택근무를 하다 보니 동료들과 직접적인 소통이 줄어 소속감과 유대감이 떨어졌다. 이로 인해 의사소통이 원활하지 않아 일에 대한 만족도가 떨어지고 업무 수행에 어려움을 호소하고 있다

B회사의 직원들은 성과를 내기 위해 끊임없이 일해야 하는 분위기다. 동료들과 친해지는 데 시간을 할애할 수 없고, 눈치가 보인다. 서로에 대해 아는 게 없으니 신뢰도가 낮고 업무 스트레스가 높다고 한다.

C회사는 불합리한 조직문화로 유명하다. 서로를 배려하고 협력하는 문화가 형성되지 않아서 갈등이 많고, 직장 내 괴롭힘 문제도 발생하고 있다.

이처럼 직장 내 연결이 사라져가는 시대! 대단절의 조직문화가 많은 문제를 일으키고 있다. 신뢰와 협동, 협업이 사라지고, 갈등과 분쟁 그리고 이직과 퇴사로 이어지는 지금, 리더는 어떻게 서로가 신뢰하는 연결을 만들어 낼 수 있을까?

단절의 시대, 리더는 어떻게 연결을 만들어야 하는가?

조직 내 소속감 진문가 애덤 스마일리 포스볼스키(Adam Smiley Poswolsky)*는 현재 우리의 직장생활을 '대퇴사(Great Resignation)의 시대'라고 말한다. 더 나아가 동료들 간의 연결이 사라진 '대단절(Great Disconnection)의 시대'라고도 정의했다.

리더십경영연구소의 연구(2019년)에 따르면 조직 만족도를 결정하는 가장 중요한 요소로 응답자의 77%가 '직장 동료와의 친밀한 관계 구축'을 꼽았다. 연봉은 예상과 달리 8위에 그쳤다.

미국 갤럽의 조사에서도 직장인의 30%가 직장 내에 '절친한 동료(Best Friend)'가 있다고 했다. 그리고 여기에 해당되는 사람들은 다른 사람들보다 관계 형성 비율이 7배 높다고 보고했다. 실제로 직장 내에 친하고 신뢰하는 동료가 있는 구성원이 일과 삶에 대한 만족도가 높고, 다른 동료와 고객들과도 적극적인 관계를 형성할 수 있다고 한다.

포스볼스키는 이런 연결이 사라지는 조직문화를 개선하고 동료들 간의 연대감을 높이기 위해 다음과 같은 노력이 필요하다고 강조했다.

1) 직장 내 연결을 행사로 만들어라

서로 칭찬해 주는 '감사의 월요일', 매주 돌아가며 개인적인 이야기를 동료들 앞에서 말하는 '이야기의 금요일' 같은 행사를 조직문화로 만들어야 한다. 직장 내에서 업무의 일환으로 만나는 것이다.

2) 서로 도움을 요청하는 것이 어렵지 않게 만들어라

사회심리학자 하이디 그랜트 할버슨(Heidi Grant-Halvorson)에 따르면 동료들 간에 도와주는 일은 75~90%가 부탁에서 시작된다고 한다. 서로 필요한 것을 부탁하거나 요청하는 것이 어렵지 않은 분위기가 정착되어야 한다.

3) '딴짓'을 할 수 있는 문화를 만들어라

사적인 담소를 나누는 대화 시간, 머리를 식히기 위해 음악을 듣는 시간, 커피 한잔을 같이 하는 시간 등을 통해 조직 내에서 잠깐 '딴짓'을 하는 것은 불편하고 어색한 관계를 개선하는 데 의외로 큰 효과가 있다고 한다. 90분마다 휴식을 포함한 잠깐의 딴짓을 하는 사람들이 그렇지 않은 사람들보다 건강과 웰빙의 수준이 50% 높고, 창의적 사고능력이 50% 더 뛰어나며, 집중력도 30% 더 높다는 것이 입증되었다.

연결이 사라진 시대, 요즘의 조직은 동료에 대한 정보와 신뢰가 부족해 함께 협업하고 협동하기가 어렵다고 하소연한다. 리더는 이를 개선하기 위해 제대로 연결된 조직이 가지는 강점이 무엇인지, 그 강점을 통해 성과가 얼마나 향상될 수 있는지 명확하게 파악해야 한다.

갤럽이 2021년 5월부터 6월까지 1,000명의 직장인을 대상으로 조사한 결과에 따르면, 조직 내에 절친한 동료가 있는 구성원은 그렇지 않은 구성원에 비해 업무 만족도가 70% 더 높게 나타났다. 또한 마음이 통하는 동료가 있는 구성원은 더 창의적이고 혁신적으로 업무를 수행한다.

미국의 보험회사 시그나가 직장인 1만 5,000명을 대상으로 조사한 결과, 조직에서 연결감을 느끼는 구성원은 연결감이 없는 구성원들에 비해 생산성이 20% 더 높다고 한다. 실리콘밸리의 스타트업 배터업은 조직에서 연결감을 느끼는 구성원은 그렇지 않은 구성원들에 비해 이직률이 무려 50% 낮다고 보고했다. 해당 구성원들이 더 오래 근무하고, 직장생활에 더 충성한다는 뜻이다.

조직 내에서 연결감은 조직의 성과, 개인의 웰빙지수, 근속연수와 생산성 등에 큰 영향을 미친다. 따라서 리더는 구성원들이 서로에 대한 정보를 나누며 소통할 수 있는 장소와 시간을 마련할 필요가 있다. 또한 성과를 올리기 위해서는 서로 협업하는 문화를 만드

는 데 과감하게 투자해야 한다. 더불어 생각을 자유롭게 표현할 수
있는 분위기와 타인의 생각을 존중하고 배려하는 조직문화를 조성
하기 위해 노력해야 한다.

- Poswolsky, A. S. (2022, January 21). How Leaders Can Build Connection in a Disconnected Workplace. *Harvard Business Review*.

Harvard Business Review

공동체 의식을
높이는 방법

최 대리 : 안녕하세요. 오랜만에 보네요.

김 사원 : 네, 안녕하세요, 대리님. 오랜만에 뵙네요.

최 대리 : 그런데 이 팀장님은 어디에 계신지 아세요?

김 사원 : 아, 제가 입사한 지 3개월 되었는데, 아직 정확하게 누가 누구인지 잘 모르겠습니다.

최 대리 : 아, 아니에요. 그럴 수 있죠. 우리도 아직 어색한데요.

팬데믹으로 인해 재택근무가 일반화되며 함께 일하는 문화에서 혼자 일하는 문화로 바뀌었다. 서로 얼굴도 자주 못 보고, 회식이나 워크숍은 엄두도 내기 어렵다. 엔데믹으로 대부분 다시 직장으로 돌아왔지만, 공동체 의식은 여전히 느껴지지 않는다. 예전에는 서로 반갑게 인사도 나누고, 타 부서와 업무 협조도 잘되었는데 지금은 기본적인 것도 어려운 실정이다. 이런 현상은 조직의 생산성과 구성원들의 만족도에 좋지 않은 영향을 미친다. 어색한 관계인 우리가 어떻게 하면 영화 〈삼총사〉에 나오는 튼튼한 팀이 될 수 있을까?

조직 내 공동체 의식 높이기

동료와 연결감이 떨어지면 서로 불편해지고 정신건강에도 좋지 않다. 하지만 세상이 점점 디지털화·개인화되면서 함께 상호작용하는 시간은 계속 줄어들고 있다.

조지타운대학교 교수 크리스틴 포래스(Christine Porath)와 IBM의 전 CMO 칼라 피네이로 서브렛(Carla Piñeyro Sublett)*이 조직 내 생산성과 업무 만족도를 높이는 데 방해되는 요인을 찾는 연구를 진행했는데, 구성원의 65%가 조직 내에서 공동체 의식을 느끼지 못하는 것으로 나타났다. 이런 현상은 결국 조직의 비용 낭비를 초래한다. 공동체 의식을 느끼지 못하는 외로운 구성원은 업무 만족도와 승진 확률이 낮으며, 퇴사와 이직률이 높기 때문이다.

또한 1,500명의 컨퍼런스 참가자를 대상으로 팬데믹 이전과 이후 조직 내의 공동체 의식에 대해 조사한 결과, 조직 만족도가 37% 감소되었다. 반대로 조직에서 공동체 의식을 느꼈을 때는 훌륭하게 업무를 수행할 가능성이 58%, 업무 참여도는 55%, 퇴사나 이직하지 않고 조직에 남아 있을 가능성이 66% 높았다. 즉, 조직 내에서 공동체 의식을 느끼면 조직 밖에서도 스트레스를 덜 받고, 삶의 만족도가 높아진다는 것이다.

개인의 성향과 관심사, 선호도에 따라 구성 방법과 내용은 다르겠지만 서로 관계를 맺고 공동체 의식을 높여야 한다. 조직에 대한 소속감이 높아질수록 서로 협력하는 분위기 속에서 갈등 없이 즐겁게 일하는 조직문화를 정착시킬 수 있다.

(Leadership Insight) ───────────────────────────●

공동체 의식(sense of community)이란 단순히 동료들과의 유대감이나 자신이 속한 집단에 대한 소속감뿐만 아니라 자신이 그 집단에서 중요한 존재라고 느끼며 동료들과의 상호작용을 통해 자신의 욕구를 충족할 수 있다는 믿음까지 포괄하는 개념이다.

하버드대학교 사회학과 교수 로버트 샘슨(Robert J. Sampson)은 "공동체 의식을 '개인이 자기가 속한 집단에서 소속감, 정체성, 가치관을 느끼는 정도'라고 정의했으며, 공동체 의식이 개인의 행복, 건강, 삶의 만족도에 중요한 영향을 미친다."고 말했다.

그렇다면 리더는 구성원들의 공동체 의식을 높이기 위해 어떤 조직문화를 만들고, 어떻게 개선해 나가야 할까?

1) 함께하는 프로그램 도입

조직 차원에서 공동체 의식을 강화할 수 있는 다양한 프로그램을 도입하는 것은 아주 효과적이다. 예를 들어 구성원들이 겨울에 연탄을 함께 나르는 단체 봉사활동이나 자연재해 현장을 돕는 자원봉사 프로그램, 멘토링 프로그램 등이다.

2) 반드시 구성원들의 전원 참여를 규칙으로 정한다

아무리 프로그램이 좋아도 참여하지 않으면 무용지물이다. 모두가 우선적으로 반드시 지켜야 하는 규칙은 '전원 참여'이다. 구성원들의 불만과 불평이 있더라도 리더는 이 원칙을 반드시 고수해야 한다. 처음에는 낯설고 불편한 동료들도 함께 활동하면서 관계를 개선하고, 공동체 의식을 가질 수 있는 기반이 마련된다.

3) 직원 교류 활성화 지원

프로그램의 개발 및 운영과 전원 참여가 어렵다면 구성원들이 서로 교류할 수 있도록 지원을 아끼지 말아야 한다. 예를 들어 조직 내 동호회를 만든다고 하면 적절한 예산 지원을 해주고, 체육대회나 회식 등을 독려하고 비용을 지원해 주는 것도 좋은 방법이다.

공동체 의식이 높은 조직은 구성원들의 몰입도와 동기부여가 높아진다. 이런 조직에서는 협업을 촉진할 수 있고, 서로 신뢰하고 존중하는 문화가 정착된다. 공동체 의식이 높은 구성원은 '개인은 조직을 위해, 조직은 개인을 위해 움직인다'는 것을 명확히 인지한다. 성과의 기반이 되는 공동체 의식을 높이고 싶다면 리더는 지금 당장 그들이 함께할 수 있는 활동을 만들고 적극 지원해야 한다.

• Porath, C., & Sublett, C. P. (2022, August 26). Rekindling a Sense of Community at Work. *Harvard Business Review*.

Harvard Business Review

출근하고 싶은
일터 만들기

월요일 아침, 알람 소리에 잠이 깬 류 사원은 눈을 뜨자마자 절망감을 느꼈다. 또 회사에 가야 한다는 생각에 마음이 무거웠다. 그는 회사에 대한 만족도가 낮았다. 맡은 일도 재미없고, 동료들과의 관계도 썩 좋지 않다. 류 사원은 출근하기 싫다는 생각에 잠시 침대에 누워 눈을 감았다. 하지만 억지로 일어나 출근 준비를 시작했다.

우리는 왜 일이 즐겁지 않고, 함께 일하는 동료들과도 불편하고, 출근하는 시간이 지긋지긋하기만 할까? 어린 시절 놀이터에 갈 때의 설렘처럼 신나는 발걸음으로 출근할 수는 없는 걸까?

업무 만족도를 높이는 3가지 원칙

ADP연구소 인력·성과연구책임자 마커스 버킹엄(Marcus Buckingham)*의 연구에 따르면 '조직 구성원의 업무 만족도는 팬데믹이 끝났음에도 이전에 비해 떨어졌다'고 한다. 팬데믹 이전에는 응답자의 18%만 업무에 완전히 몰입했고, 17% 정도만 조직에서 높은 회복탄력성을 보였다. 하지만 팬데믹 이후 구성원들의 업무 만족도는 더욱 악화되어 몰입도와 회복탄력성이 각각 2%씩 하락하며 사상 최저치를 기록했다.

충격적인 사실은 그동안 해왔던 임금 인상이나 복지 개선만으로는 구성원들의 업무 만족도를 높일 수 없다는 것이다. ADP연구소의 연구 결과에 따르면 근속, 성과, 몰입도, 회복탄력성, 포용성을 보여주는 예측변수는 다음과 같았다.

- 지난주에 매일 신나게 일했는가?
- 나의 장점을 발휘할 수 있는 기회가 매일 있었는가?
- 조직에서 내가 잘하고 좋아하는 일을 할 수 있는 기회가 있는가?

구성원들이 일 자체에서 만족감을 찾을 수 있는 환경이 조성되어야 한다는 것이다. 이를 위해 ADP연구소는 다음 3가지 원칙을 제시했다.

1) 사람이 핵심이다

조직에서 가장 중요한 이해관계자는 구성원이다. 구성원들이 즐겁게 일할 수 있는 환경을 조성하고, 구성원들이 성장하고 발전할 수 있도록 지원해야 한다.

2) 모두에게 적용되는 만능 솔루션은 없다

구성원마다 좋아하는 것, 관심사, 기량이 다르다. 다양한 사람들이 모여 일하는 조직에서는 구성원 개개인의 특성을 고려해 맞춤형 지원을 제공해야 한다.

3) 신뢰 속에서 성장한다

구성원들이 조직에서 사랑을 느끼고 기여하게 하려면 리더는 조직의 모든 관행과 정책이 신뢰에 기초하고 있음을 보여줘야 한다.

리더가 3가지 원칙을 적용해 조직문화를 재설계하면 구성원들의 업무 만족도가 높아지고, 조직의 성과도 향상되어 모두가 행복한 일터를 만들 수 있다.

출근하고 싶은 회사를 만들면 구성원들 개개인이 설레는 마음으로 출근해서 기분 좋게 하루를 시작할 수 있다. 매일 아침 같은 시간에 출근해 매일 비슷한 업무를 해야 하는 직장인들이 신나는 발걸음으로 출근할 수 있는 방법은 생각보다 어렵지 않다. 구성원들이 하는 일에 의미를 부여해 주는 것이다. 흔히 소명의식이라고 불리는 '일의 의미'는 업에 대한 가치뿐만 아니라, 일을 통해 얻는 이익, 가족을 지키는 경제활동, 자신이 원하는 것을 구매할 수 있는 경제력, 꿈을 위한 투자 등에서 찾을 수도 있다.

직장인들이 함께 일하는 동료와 친밀할수록 회사를 그만둘 확률이 낮아진다고 한다. 일이 어렵고 환경이 좋지 않더라도 함께 일하는 동료와 친밀하고 흔히 말하는 케미가 잘 맞으면 근무시간이 즐겁고 성과도 향상된다. 리더가 서로 신뢰할 수 있는 분위기를 만들어주면 행복한 일터가 된다는 뜻이다.

마지막으로 리더가 구성원들에게 성장과 발전의 기회를 제공해 주어야 한다. 이 또한 업무의 전문성, 역량 향상에만 집중하는 것이 아니라 개인의 체력, 정서적 안정, 다양한 공부와 자격증과 관련된 지원을 아끼지 않는 것까지 포함한다. 편하게 쉴 수 있는 휴식공간, 책을 읽을 수 있는 작은 도서관이나 도서 지원 등으로도 충분히 만족도를 높일 수 있다.

자기계발 전문가 조관일** 박사는 "회사는 유치원이 아니다. 유치원은 자유롭게 뛰어놀고 실수하며 배울 수 있는 공간이지만, 직장은 놀거나 실수를 해도 되는 곳이 아닌 업무에 집중해야 하는 곳이다. 따라서 유치원처럼 자유분방하게 행동해서는 안 된다."고 말한다. 조직의 구성 목적과 구성원들이 어떤 역할과 책임을 가져야 하는지를 명확하게 일러주는 내용이다. 하지만 이러한 역할과 책임과 더불어 직장이 놀이터처럼 즐겁고 행복한 공간이 되면 더 좋지 않을까? 물론 정해진 시간에 일하고, 자신의 업무 역량에 따라 평가받고, 반드시 성과를 내야 하는 직장이 놀이터가 되기는 힘들다. 그럼에도 불구하고 직장이 어린 시절 행복했던 놀이터처럼 항상 가고 싶은 곳, 내가 좋아하는 사람을 만날 수 있는 곳, 많은 것을 배우고 나를 성장시킬 수 있는 곳이라면 업무 몰입도와 성과는 더 높아질 것이다.

서로의 역할과 책임을 무시하는 무질서한 놀이터가 아니라 정해진 책임과 역할을 제대로 수행하며 그 안에서 사랑, 신뢰, 성장을 함께할 수 있는 일터로 재설계한다면 결속력 있는 조직, 즐거운 일터를 만들 수 있다.

●   Buckingham, M. (2022, May-June). Designing Work That People Love. *Harvard Business Review*.

●●   조관일. (2020). 《회사는 유치원이 아니다》. 21세기북스.

Harvard Business Review

존중받고 인정받는
조직문화

김 사원은 함께 일하는 박 팀장이 많이 불편하다. 박 팀장은 일도 잘하고 선후배들과 사이도 좋은데, 은근히 김 사원에게 개인적인 심부름을 시키기 때문이다. 김 사원이 커피를 사러 가면 자기 것도 사다 달라고 한다거나 외근하고 돌아오는 길에 다른 팀원의 생일 파티를 위한 케이크를 사오라고 하는 등 딱히 부당하다고 하기 애매한 업무 외적인 일을 시킨다.

한편 옆 팀의 김 팀장은 신입사원인 이 사원에게 한마디 할 타이밍을 기다리고 있다. 처음에는 그냥 그런가 보다 했는데 시간이 지날수록 이 사원의 행동이 이해되지 않기 때문이다. 이 사원은 성격도 밝고 대인관계도 좋은 편인데, 때로는 정도가 지나쳐 다른 팀원의 물건을 허락받지도 않고 사용하거나, 리액션이나 스킨십이 선을 넘어 주변 사람을 불편하게 만든다.

다양한 사람들이 모여 일하는 조직에서는 서로가 수용할 수 있는 선을 넘을 때가 있다. 존중받지 못하는 조직, 인정받지 못하는 조직은 과연 어떻게 조직문화를 개선해야 할까?

당신의 팀원은 존중받고 있는가?

구성원들이 조직에서 가장 중요하게 생각하는 것 중 하나가 상사에게 존중받는 것이다. 그러나 많은 구성원들이 상사의 무례한 행동을 경험한다. 반대로 상사도 구성원들로부터 인정받고 싶어 한다. 하지만 자유분방하고 자신의 생각과 의사를 표현하는 데 거침없는 구성원들 때문에 불편할 때가 많다.

마켓대학교 교수 크리스티 로저스(Kristie Rogers)의 연구에 따르면 구성원들에 대한 존중은 크게 '당위적 존중'과 '획득적 존중'의 2가지로 나뉜다.

'당위적 존중'은 조직의 모든 구성원들에게 동등하게 부여되는 것으로, 소속감을 느끼고자 하는 인간의 보편적인 니즈를 충족한다. '획득적 존중'은 각각의 구성원들이 조직이 지향하는 행동을 하거나 성과를 냈을 때 받는 것이다. 리더는 상호 존중하는 조직문화를 만들기 위해 두 종류의 존중이 균형을 이루도록 해야 한다.

당위적 존중이 높고 획득적 존중이 낮은 조직은 개인의 성취를 우선순위에 두지 않으며, 구성원들의 동기부여와 책임감이 떨어질 수 있다. 반면 당위적 존중이 낮고 획득적 존중이 높은 조직은 구성원 간의 경쟁을 부추기고 협업 분위기를 저해할 수 있다. 리더는 구성원들에게 2가지 존중의 차이를 이해시키고 2가지 존중을 모두 높은 수준으로 달성하는 조직문화를 조성해야 한다.

조직 내 존중하는 문화를 조성하기 위해서는 리더가 먼저 모든 구성원을 동등하게 대우하고, 의견을 경청하고, 성과를 인정해 주는 태도를 보여야 한다. 또한 구성원들도 상대방의 의견을 존중하고 배려하는 마음을 가져야 한다.

존중하는 문화는 구성원들의 만족도와 조직의 성과를 높이는 데 중요한 역할을 한다. 따라서 리더와 구성원 모두 노력하여 존중의 문화를 만들어야 한다.

⬭ Leadership Insight ────────────────────────────●

존중받고 인정받는 조직문화를 만들기 위해서는 리더의 역할이 중요하다. 리더부터 구성원을 존중하고 인정해야 이러한 조직문화가 더욱 빠르고 확실하게 자리 잡을 수 있다.

1) 당위적 존중의 수준을 높이는 방법

① 모든 구성원을 동등하게 대우한다

성별, 나이, 직급 등에 대한 차이는 인정해야 하지만 그에 따라 차별 대우를 해서는 안 된다. 각 구성원들 모두가 조직 내에서 서로 인정받는 문화를 만들어야 한다.

② 구성원의 의견을 경청한다

회의할 때 한두 명의 톡톡 튀는 구성원이나 영향력 있는 구성원만 생각과 의견을 제시하고, 그것만으로 의사결정을 내려서는 안 된다. 다른 생각을 가진 구성원의 아이디어도 존중하고, 영향력이 낮더라도 새로운 의견을 제시하는 구성원의 이야기를 경청해야 한다. 누구나 자유롭게 의견을 낼 수 있고, 그것이 조직에 도움이 된다는 믿음을 가지게 만들어야 한다.

2) 획득적 존중의 수준을 높이는 방법

① 칭찬과 격려를 아끼지 않는다

일을 하면 당연히 결과를 확인하고, 성과에 따른 명확한 칭찬과 보상이 이루어져야 한다. 성과가 나쁜 경우에는 책임을 묻는 것도 중요하지만, 앞으로 더 잘할 수 있도록 격려하는 분위기도 필요하다. 결과가 좋지 않아도 과정과 노력을 인정받은 구성원은 업무 몰입도와 조직에 대한 소속감이 높아져 나중에 더 좋은 성과를 낼 가능성이 크다.

② 도전하고 성장할 수 있는 기회를 제공한다

도전하지 않는 구성원은 성장할 수 없다. 그리고 성장하지 않는 구성원은 일과 조직에 대한 책임감이 떨어진다. 자신의 일이 특별하다고 생각하지 않는 구성원은 그냥 하루하루 주어진 일만 하는 것을 당연하게 여긴다. 이런 구성원들에게는 새로운 프로젝트에서 역량을 발휘할 기회를 주거나 구성원의 성장을 위한 교육과 훈련에 아낌없이 투자해야 한다.

사람은 누구나 존중받고 인정받고 싶은 욕구가 있다. 하지만 이런 욕구는 단순히 회사에 취직하고 열심히 일만 한다고 해서 충족되는 것이 아니다. 다양한 차이가 있는 구성원들이 서로 예의를 갖추고 존중하는 환경을 마련하고, 구성원들의 노력에 대한 분명한 평가와 인정을 통해 소속감과 성취감을 끌어올리는 것이 진정한 리더의 역할이다.

• Rogers, K. (2018, July-August). Do Your Employees Feel Respected?. *Harvard Business Review*.

이 책은 위아래에서 치이고 성과에 대한 부담에 시달리는 등 바람 잘 날 없는 이 시대의 리더들을 위해 기획되었다. 리더라는 자리에 부담을 느끼는 분들과 리더를 준비하는 분들에게 세계적으로 가장 권위 있는 경영 매거진 〈하버드비즈니스리뷰〉에 소개된 솔루션을 통해 리더십 인사이트를 정리해 보았다.

구체적이고 현실적이며 정밀하게 검증된 리더십 노하우가 성공적인 조직을 이끄는 데 필요한 통찰을 제공하리라 확신한다. 리더십에는 정답이 없다. 그러나 세계적인 석학들이 전하는 리더십의 정수를 참고하여 내 상황에 맞는 최적의 리더십을 만든다면 분명 인정받고 존중받는 리더가 될 수 있을 것이다.

대부분의 리더는 구성원을 발전시키고 상황을 변화시켜 성과를 올리고 싶어 한다. 그러나 〈하버드비즈니스리뷰〉에서 제시하는 솔루션을 살펴보면 변화의 시작은 리더 자신이다. 그동안 당신의 경험과 노력은 박수받을 만하지만, 이제 리더로서 더 크게 성장하기 위해서는 한 번 더 허물을 벗어야 한다.

톨스토이는 "모든 사람은 세상을 바꾸려고 할 뿐, 스스로를 바꾸려 하지 않는다."고 하였다. '나는 원래 이런 사람이야. 내가 변하는 건 쉽지 않아.'라는 생각에 빠져 있다면, 이제 당신의 가능성을 믿고 인간의 관성을 깨기 위한 변화의 공을 던져보자. 이 책에서 제시된 솔루션들을 믿고 시도하면, 당신도 구성원과 함께 성장하는 놀라운 리더십 스토리를 만들어갈 수 있다.

리더가 변하는 것만큼 구성원에게 크고 강력한 메시지는 없다. 리더가 변하면 구성원과 조직은 그에 따라 자연스럽게 변한다. 당신의 하루가 자신의 틀을 조금씩 깨며 멋진 리더로서의 가능성을 한 땀 한 땀 현실로 만들어가는 시간이 되기를 바란다.

수십 년에 걸쳐 굳어진 생각과 습관이 하루아침에 바뀌기는 어렵겠지만, 단단한 결심을 품고 매일 출근하며 변화의 공을 던지다 보면 나의 습관과 관성에 금이 가기 시작할 것이다. 그리고 어느새 허물을 벗고 찬란하게 날개를 펼친 리더가 된 나 자신과 놀랍도록 성장한 구성원들을 만나게 될 것이다.

이 책을 위해 수많은 HBR 아티클을 읽고 학습하며 리더십 연구에 매진한 HBR리더십연구회의 멤버들에게 무한한 감사와 영광을 돌리고 싶다. 시간은 결국 현재를 살아가는 사람들의 것이다. 이 책을 읽느냐 안 읽느냐는 여러분의 몫이다. 그러나 이 책을 읽은 사람은 한 단계 더 성장하고 존경받는 리더가 될 것이라고 확신한다.

HBR리더십연구회

유경철, 장한별, 이인우, 윤성희, 김영욱

Notes

Chapter 1 | 마인드셋

1장 신뢰 : 리더십의 핵심 전제

- Zenger, J., & Folkman, J. (2022, August 31). Quiet Quitting Is About Bad Bosses, Not Bad Employees. *Harvard Business Review.*
- Covey, S. M., Covey, S. R. & Merrill, R. R. (2006). The SPEED of Trust : *The One Thing That Changes Everything.* FREE PRESS.
- Frei, F., & Morriss, A. (2020, May-June). Begin with Trust. *Harvard Business Review.*
- Peterson, J., & Kaplan, D. (2020). *10 Law of Trust : Building the Bonds that make a Business Great* (Expanded ed.). HarperCollins Leadership.
- Sluss, D. M. (2020, April 16). Stepping into a Leadership Role? Be Ready to Tell Your Story. *Harvard Business Review.*
- Watkins, M. D. (2013). *The First 90 Days : Proven Strategies for Getting Up to Speed Faster and Smarter, Updated and Expanded.* Harvard Business Review Press.

2장 리더십 마인드 : 리더에게겐 마인드가 전부다

- Bryant, A. (2023, July-August). The LEAP to LEADER. *Harvard Business Review.*
- Maxwell, J. C. (2013). *The 5 Levels of Leadership : Proven Steps to Maximize Your Potential.* Center Street.
- Furr, N. (2020, March 27). You're Not Powerless in the Face of Uncertainty, *Harvard Business Review.*
- Horowitz, B. (2014). *The Hard Thing About Hard Things : Building a Business When There Are No Easy Answers.* Harper Business.
- Gino, F., Greer, L., & Sutton, R. I. (2023, March-April). You Need Two Leadership Gears. *Harvard Business Review.*
- Blanchard, K. (2007). *The Heart of a Leader : Insights on the Art of Influence* (2nd ed.). David C. Cook.
- Smith, D. (2022, July 21). How Leaders Can Escape Their Echo Chambers. *Harvard Business Review.*
- Dobelli, R. (2014). *The Art of Thinking Clearly.* Sceptre.
- Jaser, Z. (2021, June 7). The Real Value of Middle Managers. *Harvard Business Review.*
- Zhuo, J. (2019). *The Making of a Manager : What to Do When Everyone Looks to You.* Portfolio.

Chapter 2 | 사람관리

1장 커뮤니케이션 : 독백이 아닌 대화가 되려면

- McEnroe, C., & Rock, D. (2023, July 25). 3 Ways Our Brains Undermine Our Ability to Be a Good Leader. *Harvard Business Review.*
- Groysberg, B., & Slind, M. (2012, June). Leadership Is a Conversation. *Harvard Business Review.*
- Maxwell, J. C. (2022). *The 21 Irrefutable Laws of Leadership : Follow Them and People Will Follow You* (25th Anniversary ed.). HarperChristian Resources.
- Schwartzberg, J. (2022, August 10). 4 Ways to Communicate with More Empathy. *Harvard Business Review.*
- 이노우에 도모스케. (2023). 《속마음 들키지 않고 할 말 다 하는 심리 대화술》 (오시연 역). 밀리언서재.(Original work published 2022)
- Wilding, M. (2023, March 6). When - and How - to Keep a Poker Face at Work. *Harvard Business Review.*
- Spradlin, S. E. (2003). *Don't Let Your Emotions Run Your Life : How Dialectical Behavior Therapy Can Put You in Control.* ReadHowYouWant.
- Goleman, D. (2004, January). What Makes a Leader?. *Harvard Business Review.*
- Gallo, A. (2022, March 8). Is That Conflict with Your Colleague Really About Age Difference? Assuming it is might make it worse. *Harvard Business Review.*
- Katz, R., Ogilvie, S., Shaw, J., & Woodhead, L. (2021). *Gen Z, Explained : The Art of Living in a Digital Age.* University of Chicago Press.

2장 피드백 : 구성원을 성장시키는 묘약

- Ibarra, H., & Scoular, A. (2019, November-December). The Leader as Coach. *Harvard Business Review.*
- Whitmore, J. (2017). *Coaching for Performance* (25th anniversary ed.). Nicholas Brealey Publishing.
- Brooks, A. W., & John, L. K. (2018, May-June). The Surprising Power of Questions. *Harvard Business Review.*
- Schein, E. H., & Schein, P. A. (2021). *Humble inquiry : The gentle art of asking instead of telling.* Berrett-Koehler Publishers.sking instead of telling. Berrett-Koehler Publishers.
- Meyer, E. (2023, September-October). When Diversity Meets Feedback. *Harvard Business Review.*
- Bregman, P., & Jacobson, H. (2021, December 10). Feedback Isn't Enough to Help Your Employees Grow. *Harvard Business Review.*
- Buffy, B. (2021). *Generations : Does When You're Born Shape Who You Are?.* Atlantic Books.

- Scott, K. (2017). Radical Candor. St. Martin's Press.

Chapter 3 | 성과관리

1장 업무 성과 : 성과를 내는 리더의 핵심 비결

- 사람인. (2022.08.03.). MZ세대, 10명 중 3명은 1년 안에 회사 떠난다. *사람인 HR 매거진*.
- Folkman, J. (2022, May 24). To Get Results, the Best Leaders Both Push and Pull Their Teams. *Harvard Business Review Press*.
- Drucker, P. F. (2006). *The Definitive Guide to Getting the Right Things Done* (Revised ed.). Harper Business.
- Rogelberg, S. G. (2022, November-December). Make the Most of Your One-on-One Meetings. *Harvard Business Review*.
- Maxwell, J. C. (2019). *Developing the Leader Within You 2.0*. HarperCollins Leadership.
- Fisher, C. M., Amabile, T. M., & Pillemer, J. (2021, January-February). How to Help (Without Micromanaging). *Harvard business review*.
- Fournier. C. (2017). *The Manager's Path : A Guide for Tech Leaders Navigating Growth and Change*. O'Reilly Media.
- Conger, J. A., & Church, A. H. (2018. February 1). The 3 Types of C Players and What to Do About Them. *Harvard business review*.
- Stanier, M. B. (2016). *The Coaching Habit : Say Less, Ask More & Change the Way You Lead Forever*. Page Two.
- Allen, D., & Hale, J. (2023, January 24). 7 Ways Managers Can Help Their Team Focus. *Harvard Business Review*.
- Horowitz, B. (2014). *The Hard Thing About Hard Things : Building a Business When There are No Easy Answers*. Harper Business.

2장 스마트워크 : 효과적인 성과 리딩

- Utley. J., & Klebahn, P. (2023, March 28). 5 Ways to Boost Creativity on Your Team. *Harvard Business Review*.
- Kelley, T., & Kelley, D. (2013). *Creative Confidence : Unleashing the Creative Potential Within Us All*. Crown Business.
- Clark, T. R. (2023, January 23). How a CEO Can Create Psychological Safety in the Room. *Harvard Business Review*.
- Wiseman, L., Allen, L., & Foster, E, (2013). *The Multiplier Effect : Tapping the Genius Inside Our Schools*. Corwin.
- Wade, M., Joshi, A., & Teracino, E. A. (2021, September 2). 6 Principles to Build Your Company's Strategic Agility. *Harvard Business Review*.

- Rigby, D. K., Elk, S., & Berez, S. (2020). *Doing Agile Right : Transformation Without Chaos.* Harvard Business Review Press.

Chapter 4 | 조직관리

1장 동기부여 : 팀의 목표를 이루기 위한 성장동력

- Buckingham, M., & Goodall, A. (2019, May 14). The Power of Hidden Teams. *Harvard Business Review.*
- Maxwell, C. J. (2013). *The 17 Indisputable Laws of Teamwork : Embrace Them and Empower Your Team.* HarperCollins Leadership.
- Groysberg, B., Lee, L. E., & Nanda, A. (2008). Can they take it with them? The portability of star knowledge workers' performance. *Management Science,* 54(7), 1213-1230.
- Gardner, R., & Bednar, J. (2022, October 8). 4 Ways to Combat Imposter Syndrome on Your Team. *Harvard Business Review.*
- Edmondson, C. A. (2018). *The Fearless Organization : Creating Psychological Safety in the Workplace for Learning, Innovation, and Growth.* Wiley.
- Nohria, N., Groysberg, B., & Lee, L. (2008, July-August). Employee Motivation : A Powerful New Model. *Harvard Business Review.*
- Pink, H. D. (2011). *Drive : The Surprising Truth About What Motivates Us.* Riverhead Books.
- Schwartzberg, J. (2021, April 13). Find the Right Words to Inspire Your Team. *Harvard Business Review.*
- Scott, K. (2017). *Radical Candor : Be a Kick-Ass Boss Without Losing Your Humanity.* St. Martin's Press.

2장 변화관리 : 불확실한 시대의 필수 과제

- Hill, A. L., Tedards, E., Wild, J., & Weber, K. (2022, September 19). What Makes a Great Leader?. *Harvard Business Review.*
- Kotter, P. J. (2012). *Leading Change, With a New Preface.* Harvard Business Review Press.
- Noble, D., & Kauffman, C. (2023, January-February). The Power of Options. *Harvard Business Review.*
- Lencioni, P. (2002). *The Five Dysfunctions of a Team : A Leadership Fable.* Jossey-Bass.
- Satell, G. (2023, May 11). To Implement Change, You Don't Need to Convince Everyone at Once. *Harvard Business Review.*
- Centola, D., Becker, J., Brackbill, D., & Baronchelli, A. (2018). Experimental evidence for

tipping points in social convention. *Science, 360*(6393), 1116-1119.

- Christensen, M. C. (2016). *The Innovator's Dilemma : When New Technologies Cause Great Firms to Fail.* Harvard Business Review Press.
- Hinds, R. (2023, May 16). How "Perspective Swaps" Can Unlock Organizational Change. *Harvard Business Review.*
- Senge, M. P. (2006). *The Fifth Discipline : The Art & Practice of The Learning Organization.* Doubleday.

3장 협업·갈등관리 : 팀워크를 통한 갈등 해결

- Gallo, A. (2022, September-October). How to Navigate Conflict with a Coworker. *Harvard Business Review.*
- Grant, A. M. (2013). *Give and Take : Why Helping Others Drives Our Success.* Penguin Books.
- Fernandez, J., & Velasquez, L. (2023, March 23). Becoming More Collaborative - When You Like to Be in Control. *Harvard Business Review.*
- Lencioni, P. M. (2002). *The Five Dysfunctions of a Team : A Leadership Fable.* Jossey-Bass.
- Clark, T. R. (2021, June 25). Hazards of a "NICE" Company Culture. *Harvard Business Review.*
- Toegel, G., & Barsoux, JL. (2016, June). How to Preempt Team Conflict. *Harvard Business Review.*
- Grant, A. M. (2021). *Think Again : The power of knowing what you don't know.* Viking.

4장 조직문화 : 존경받는 리더의 조직문화

- Poswolsky, A. S. (2022, January 21). How Leaders Can Build Connection in a Disconnected Workplace. *Harvard Business Review.*
- Porath, C., & Sublett, C. P. (2022, August 26). Rekindling a Sense of Community at Work. *Harvard Business Review.*
- Buckingham, M. (2022, May-June). Designing Work That People Love. *Harvard Business Review.*
- 조관일. (2020). 《회사는 유치원이 아니다》. 21세기북스.
- Rogers, K. (2018, July-August). Do Your Employees Feel Respected?. *Harvard Business Review.*

하버드비즈니스리뷰에서 배우는 최신 리더십 에센스

HBR 리더십 인사이트

초판 1쇄 발행 2024년 2월 20일
초판 2쇄 발행 2024년 11월 30일

지은이 HBR리더십연구회(유경철, 장한별, 이인우, 윤성희, 김영욱)
펴낸이 백광옥
펴낸곳 ㈜천그루숲
등 록 2016년 8월 24일 제2016-000049호

주소 (06990) 서울시 동작구 동작대로29길 119
전화 0507-0177-7438 **팩스** 050-4022-0784 **카카오톡** 천그루숲
이메일 ilove784@gmail.com

기획/마케팅 백지수
인쇄 예림인쇄 **제책** 예림바인딩

ISBN 979-11-93000-33-5 (13320) 종이책
ISBN 979-11-93000-34-2 (15320) 전자책